KB184715

이번에 제대로 합격!
JLPT N2
실전모의고사

나카가와 쇼타 저

맛있는 books

이번에 제대로 합격!

JLPT N2 실전모의고사

초판 1쇄 인쇄 2025년 2월 3일
초판 1쇄 발행 2025년 2월 15일

저자 나카가와 쇼타
발행인 김효정
발행처 맛있는books
등록번호 제2006-000273호

주소 서울시 서초구 명달로 54 JRC빌딩 7층
전화 구입문의 02·567·3861
내용문의 02·567·3860
팩스 02·567·2471
홈페이지 www.booksJRC.com

ISBN 979-11-6148-092-3 14730
979-11-6148-090-9 (세트)
정가 15,000원

머리말

JLPT N2의 합격 인정 기준을 보면, 일상적인 상황에서 사용되는 일본어의 이해와 더불어, 보다 폭넓은 상황에서 사용되는 일본어를 어느 정도 이해할 수 있고, 다양한 상황에서 자연스러운 속도의 회화나 뉴스를 듣고 이해할 수 있는 역량이 요구됩니다. N3까지가 일상적인 소통이 목표였다면, N2에서는 보다 다양한 어휘, 표현, 문법 등을 익히며 중급으로 '도약'하는 것이 목표가 될 것입니다.

N2의 시험 문제 유형은 N3와 비교해 조금 차이가 있습니다. 출제될 내용들을 공부하는 것은 물론, 출제 유형과 패턴에도 적응되어야 시험 당일에 본인의 실력을 발휘할 수 있을 것입니다. 본 교재에서는 기출문제를 분석하여 실제로 출제된 내용을 바탕으로 다양한 문제를 대비할 수 있도록 구성하였습니다. 개념 정리를 마친 후에 이 책을 통해 문제풀이를 하면서 시험 대비 마무리를 하셔도 좋고, 현재 실력이 어느 정도인지 체크하기 위해서 문제를 풀어보고 본인의 약점이나 몰랐던 부분을 채워가는 식으로 공부를 하셔도 좋을 것 같습니다. 그렇게 공부를 하다 보면 어느새 일본어 실력도 '도약'되어 있을 거라 믿습니다.

본 교재에서는 단순히 문제를 풀고 끝내는 것이 아니라, 문제마다 한국어 해석과 핵심 단어 정리를 제공해 드리고 있습니다. 문제풀이 과정에서 제대로 해석이 되었는지 스스로 검증하고, 학습자 본인의 오답 패턴을 분석함으로써 약점을 효과적으로 보완할 수 있을 것입니다.

또한 교재 앞부분에는 N2 대비에 유용한 문제 유형 해설과 전략을 수록하였습니다. 문제 유형마다 효과적인 전략이 조금씩 다르니 문제풀이를 하기 전에 참고하셨으면 좋겠습니다. 이를 통해 학습자 여러분은 자신만의 N2 풀이 전략을 다듬고, 효율적인 루틴을 확립해 나갈 수 있을 것입니다.

본 교재는 한국에서 일본어를 공부하고 그 끝에 있는 꿈을 이루기 위해 매일 노력을 거듭하는 여러분의 페이스메이커로서 활용해 주었으면 합니다. 언어 실력이란 꼭 비례적으로 실력이 느는 것은 아니지만, JLPT의 모든 단계 중에서도 일본어 실력이 가장 '도약'되는 것은 N2 단계라고 생각합니다. N2 합격 끝에는 더 넓고 더 재미있는 일본어의 세계가 기다리고 있습니다. 포기하지 마시고 끝까지 달려가시길 응원합니다.

마지막으로 본 교재 제작에 있어서 좋은 기회를 주신 맛있는북스 김효정 대표님을 비롯해, 애써 주신 편집부 여러분들, 그리고 제 수업을 들어주는 학생들, 늘 응원해 주는 사랑하는 가족에게 진심으로 감사의 말씀을 전합니다.

저자 나카가와 쇼타 드림

목차

실전모의고사

정답 및 청해 스크립트

부록

이 책의 구성

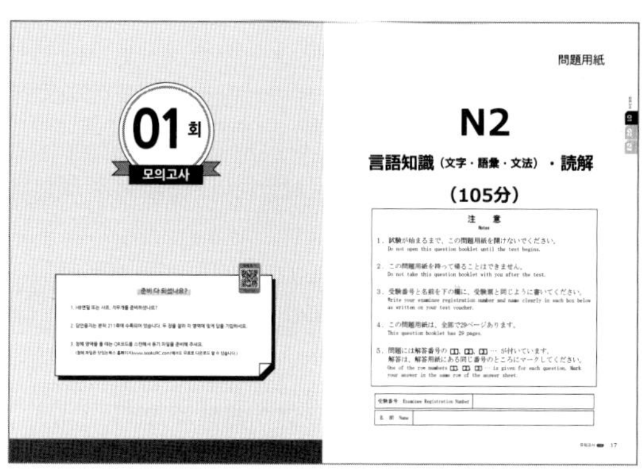

실전모의고사 3회분

실제 JLPT 문제와 동일하게 구성한 최신 모의고사 3회분을 수록했습니다. 최신 경향을 반영한 교재로 문제 유형, 시간 분배, 공략 스킬 등 JLPT 합격을 위한 충분한 연습을 해 보세요.

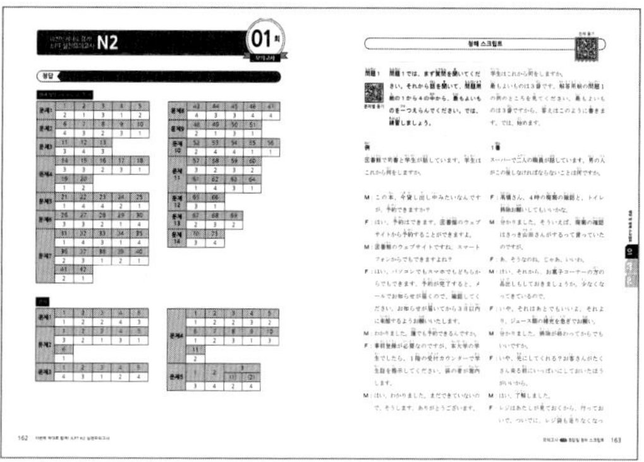

정답 및 청해 스크립트

정해진 시간 안에 실제 시험처럼 문제를 풀고 정답을 맞춰 보세요. 청해 영역을 복습할 때는 스크립트를 보며 잘 들리지 않았던 부분을 확인해 보세요.

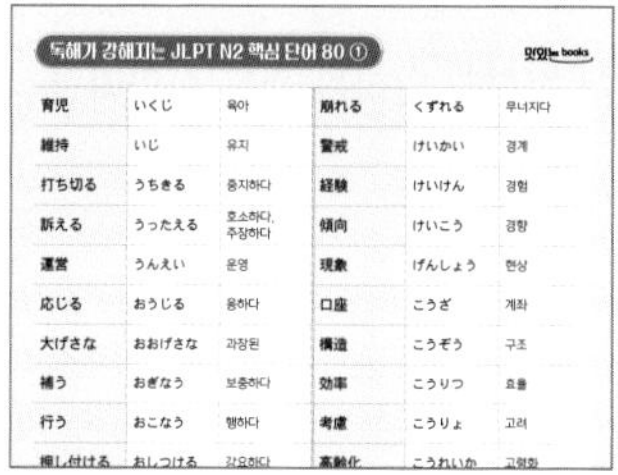

필수 단어/문형 (별지)

JLPT N2 합격을 위한 핵심 단어와 문형만 꾹꾹 눌러 담았어요.

해석 PDF (무료)

모든 문제에 대한 해석은 물론, 꼭 알아야 할 단어도 수록했어요.

동영상 강의 (유료)

JLPT 전문 강사의 동영상 강의로 부족한 부분을 채울 수 있어요.

이 책의 활용법

1. 필기도구(HB연필 또는 샤프, 지우개)와 211쪽의 답안용지를 준비해 주세요.
2. 시험지를 펴고, 타이머를 맞춰 주세요.
3. 청해를 풀 때는 교재에 수록된 QR코드를 스캔하여 음성을 준비해 주세요.
   (맛있는북스 홈페이지에서 MP3 파일을 다운로드 받으면 청해 문제별 음성도 들을 수 있어요.)

JLPT 소개

1. JLPT란?

일본어능력시험은 일본어를 모국어로 하지 않는 사람들의 일본어 능력을 측정하고 인정하는 시험으로, 일본어 학습자의 다양한 수요를 충족하기 위해 커뮤니케이션 능력을 확인하는데 초점이 맞추어져 있습니다.

2. JLPT 레벨

시험은 N1, N2, N3, N4, N5로 나누어져 있으며 수험자가 자신에게 맞는 레벨을 선택하여 응시합니다. 가장 쉬운 레벨은 N5이며 가장 어려운 레벨은 N1입니다.

레벨	과목	인정 기준
N1	언어지식/독해	폭넓은 상황에서 사용되는 일본어를 이해할 수 있다.
	청해	폭넓은 상황에 있어 자연스러운 속도의 회화나 뉴스, 강의를 듣고 이해할 수 있다.
N2	언어지식/독해	일상적인 상황에서 사용되는 일본어의 이해와 더불어, 보다 폭넓은 상황에서 사용되는 일본어를 어느 정도 이해할 수 있다.
	청해	일상적인 상황과 더불어, 다양한 상황에서 자연스러운 속도의 회화나 뉴스를 듣고 이해할 수 있다.
N3	언어지식/독해	일상적인 상황에서 사용되는 일본어를 어느 정도 이해할 수 있다.
	청해	일상적인 상황에서 자연스러움에 가까운 속도의 회화를 듣고 이해할 수 있다.
N4	언어지식/독해	기본적인 일본어를 이해할 수 있다.
	청해	일상적인 상황에서 다소 느리게 말하는 회화라면 내용을 거의 이해할 수 있다.
N5	언어지식/독해	기본적인 일본어를 어느 정도 이해할 수 있다.
	청해	교실이나 주변 등 일상생활 속에서 자주 접하는 상황에서 천천히 말하는 짧은 회화라면 이해할 수 있다.

3. 원서 접수 및 성적 통지

시험은 매년 7월/12월 첫 번째 일요일에 실시됩니다.

시험 차수	원서 접수	수험표 출력	성적 발표	성적증명서 발송
1차(7월)	4월 1일~	6월 초	8월 말	9월 말-10월 초
2차(12월)	9월 1일~	11월 초	1월 말	2월 말-3월 초

합격자의 경우 日本語能力認定書(합격인정서)와 日本語能力試験認定結果及び成績に関する証明書(성적증명서)가 함께 발송되며, 불합격자의 경우 日本語能力試験認定結果及び成績に関する証明書(성적증명서)만 발송됩니다.

4. 시험 준비물

- 신분증(주민등록증, 운전면허증, 기간 만료 전의 여권, 공무원증, 장애인 복지카드, 정부24 또는 PASS 주민등록증 모바일 확인 서비스, 모바일 운전면허증(경찰청 발행), 모바일 공무원증, 청소년증, 학생증, 건강보험증, 공익근무요원증, 외국인등록증, 국내거소신고증, 영주증)
- 필기도구(HB연필 또는 샤프, 지우개) *사인펜, 볼펜 등 불가

JLPT N2 소개

1. JLPT N2 시험 구성

입실시간	1교시	휴식	2교시
13:10	언어지식(문자·어휘·문법)·독해 13:30 ~ 15:15	15:15 ~ 15:35	청해 15:35 ~ 16:30

과목	문제 유형		문항 수
언어지식·독해	문자·어휘	한자읽기	5문항
		표기	5문항
		단어형성	3문항
		문맥구성	7문항
		유의표현	5문항
		용법	5문항
	문법	문장의 문법 1 (문법형식 판단)	12문항
		문장의 문법 2 (문장만들기)	5문항
		글의 문법	4문항
	독해	내용이해(단문)	5문항
		내용이해(중문)	8문항
		통합이해	2문항
		주장이해(장문)	3문항
		정보검색	2문항
청해		과제이해	5문항
		포인트이해	6문항
		개요이해	5문항
		즉시응답	11문항
		통합이해	4문항

※ 문항 수는 시험마다 다소 차이가 있을 수 있습니다.

2. JLPT N2 합격 기준

종합 득점		득점 구분별 득점					
		언어지식 (문자·어휘·문법)		독해		청해	
득점 범위	합격점	득점 범위	기준점	득점 범위	기준점	득점 범위	기준점
0~180점	90점	0~60점	19점	0~60점	19점	0~60점	19점

※ 모든 시험 과목을 수험하고,

① 종합 득점이 합격점 이상이면서, ② 모든 득점 구분별 득점이 구분마다 설정된 기준점 이상인 경우, 즉 ①과 ②를 동시에 만족해야 합격입니다.

종합득점이 아무리 높아도 득점 구분별 득점에서 하나라도 기준점에 미달하는 경우에는 불합격입니다.

JLPT N2 유형 소개 및 전략

+ 문자어휘

문제1 한자읽기 (총 5문항)

______의 말의 읽는 법으로 가장 적절한 것을, 1・2・3・4에서 하나 고르세요.

> **1** 最近、株価が上がる傾向にあるそうだ。
>
> 1 けいこ　　2 けいこう　　3 げいこう　　4 げいごう

전략 밑줄 친 한자어의 발음을 고르는 문제로, 밑줄 친 단어의 발음만 장음, 촉음, 요음에 주의해서 알맞은 것을 정답으로 고르세요. 대체로 문장을 읽지 않아도 밑줄 친 단어의 발음만 알면 풀 수 있는 경우가 많아요.

문제2 표기 (총 5문항)

______의 말을 한자로 쓸 때, 가장 적절한 것을, 1・2・3・4에서 하나 고르세요.

> **6** このパッケージには、朝晩の食事もふくまれている。
>
> 1 内まれて　　2 服まれて　　3 包まれて　　4 含まれて

전략 밑줄 친 단어의 한자 표기를 고르는 문제로, 밑줄 친 단어의 한자 표기만 부수와 비슷한 모양에 주의해서 알맞은 것을 정답으로 고르세요. 대체로 문장을 읽지 않아도 밑줄 친 단어의 한자 표기만 알면 풀 수 있는 경우가 많아요.

문제3 단어형성 (총 3문항)

(　　　)에 들어가기에 가장 적절한 것을, 1・2・3・4에서 하나 고르세요.

> **11** 新宿駅（　　　）の特急電車に乗るつもりです。
>
> 1 離　　2 出　　3 発　　4 初

전략 괄호에 들어갈 적절한 접두어, 접미어를 골라 단어를 완성하는 문제로, 괄호 앞뒤의 단어와 어울리는 의미의 접두어, 접미어를 정답으로 고르세요. 대체로 문장을 읽지 않아도 풀 수 있는 경우가 많아요.

문제4 문맥구성 (총 7문항)

(　　　)에 들어가기에 가장 적절한 것을, 1・2・3・4에서 하나 고르세요.

> **14** 必要なものを（　　　）メモして、無駄な買い物をしないようにした。
>
> 1 いきなり　　2 とうとう　　3 あらかじめ　　4 まさか

전략 괄호에 들어갈 적절한 단어를 고르는 문제로, 특히 괄호 앞뒤의 단어를 잘 보고 문맥에 어울리는 의미의 단어를 정답으로 고르세요.

문제5 유의표현 (총 5문항)

_____의 말에 의미가 가장 가까운 것을, 1・2・3・4에서 하나 고르세요.

> **21** 私はたびたび仕事で日本にでかけます。
>
> 1　しばしば　　2　たまたま　　3　つぎつぎ　　4　そろそろ

전략 밑줄 친 단어와 비슷한 의미의 표현을 고르는 문제로, 밑줄 친 단어의 의미에 주의해서 비슷한 것을 정답으로 고르세요. 대체로 문장을 읽지 않아도 밑줄 친 단어의 의미만 알면 풀 수 있는 경우가 많아요.

문제6 용법 (총 5문항)

다음 말의 용법으로써 가장 적절한 것을, 1・2・3・4에서 하나 고르세요.

> **26** 展開
>
> 1　レストランの向かいに新しい本屋が展開した。
>
> 2　週末には学校の体育館が市民に展開される。
>
> 3　このドラマはストーリーの展開が単純なので面白くない。
>
> 4　博物館へ明治時代の展開を見に行った。

전략 제시된 단어가 문맥상 올바르게 사용된 문장을 고르는 문제로, 제시된 단어(밑줄) 앞뒤나 문장 전체의 문맥을 생각해서 가장 자연스럽게 해석되는 것을 정답으로 고르세요.

+ 문법

문제7 문법형식 판단 (총 12문항)

다음 문장의 (　　)에 넣기 가장 적절한 것을, 1・2・3・4에서 하나 고르세요.

> **31** 新幹線なら東京から京都まで約2時間（　　）到着する。
>
> 1　で　　2　でも　　3　に　　4　には

전략 괄호 안에 들어갈 적절한 문법형식을 고르는 문제로, 괄호 바로 앞뒤 또는 문장 전체의 문맥에 유의해서 가장 자연스럽게 해석되는 것을 정답으로 고르세요. 이때, 알맞은 접속 형태인지, 함께 사용 가능한 품사인지 등 문법적으로 맞는지에도 주의하세요.

문제8 문장만들기 (총 5문항)

다음 문장의 ＿★＿에 들어갈 가장 적절한 것을, 1・2・3・4에서 하나 고르세요.

> **43** プロの ＿＿ ＿＿ ＿★＿ ＿＿ はすぐわかるらしい。
>
> 1　料理人　　2　いいか悪いか　3　ともなると　　4　使用された食材の質が

전략 4개의 선택지를 문맥에 맞게 나열한 뒤 ★의 순서와 일치하는 것을 고르는 문제로, 문장을 나열한 뒤 반드시 한 번 더 읽고 문맥이 자연스러운지 확인한 후 적절한 것을 정답으로 고르세요.

문제9 글의 문법 (총 1지문, 4문항)

다음 글을 읽고, 글 전체의 내용을 생각해서, 48 에서 51 의 안에 들어갈 가장 적절한 것을, 1・2・3・4에서 하나 고르세요.

理想的な環境

「理想的な環境」というのは、的確な表現ではありません。自然界、そして社会のあらゆる領域において、状況や条件は常に変動し、完璧な環境が永遠に続くことはありません。48、物事の特性や本質を理解する際に理想的な環境を前提とすることは、一貫性が欠けています。物事の本性が理想的な環境においてのみ 49 という考えは、実際には誤解を招きやすいものなのです。

理想的な環境とは、あくまで一時的に作られたものであり、現実の多様性や複雑性を反映していません。例えば、科学的研究においても、物事の本質を明らかにするためには、さまざまな環境下での反応や変化を観察することが 50 こうした多様な条件下での変化を理解することで、初めてその本質や特性が明確に見えてくるのです。例えば、

48

1 なぜなら　　2 そのため　　3 つまり　　4 だが

전략 빈칸에 들어갈 적절한 표현을 고르는 문제로, 글을 처음부터 천천히 읽으며 문맥을 파악하고, 빈칸이 나오면 바로 앞 또는 뒤의 문맥을 생각하여 가장 자연스럽게 이어지는 것을 정답으로 고르세요.

+ 독해

문제10 내용이해(단문) (총 5지문, 5문항)

다음 (1)에서 (5)의 글을 읽고, 다음 질문에 대한 답으로 가장 적절한 것을, 1・2・3・4에서 하나 고르세요.

「挑戦」とは不確実性を取り除こうとするものではない。よく結果ではなく過程を重視しろという言葉があるが、だからといって失敗しないわけでもない。不確実性は未知の世界であり、恐怖や不安を引き起こすが、完全に排除することはできない。そこでこれを理解し、受け入れることで、その影響力は次第に薄れていくのだ。結局、その結果は、成長への階段を一段登るか、最初に目標とした地点に戻ることになる。これを日々の生活に取り入れることで、不確実性は克服の対象ではなくなるのだ。

52 筆者の考えに合うのはどれか。

1 結果よりも過程を大切にすべきだ。

2 不確実性を直視すべきだ。

3 不確実性を減らすように努力すべきだ。

4 挑戦するなら何度失敗してもいい。

전략 짧은 지문을 읽고 질문에 맞는 답을 고르는 문제로, 전체적인 내용과 필자의 생각을 중심으로 지문을 읽고, 지문의 내용과 선택지의 내용이 가장 일치하는 것을 정답으로 고르세요. 주로 지문의 맨 마지막에 정답에 대한 중요한 힌트가 있어요.

문제11 내용이해(중문) (총 2지문, 8문항)

다음 (1)에서 (2)의 글을 읽고, 다음 질문에 대한 답으로 가장 적절한 것을, 1・2・3・4에서 하나 고르세요.

日常でよく、「信頼関係が大事だ」とか、「あなたを信頼しています」という話を聞きます。しかし、私はこの言葉が誤解されていることが多いと感じます。特に、「信頼」という言葉が単なる表面的なものである場合が多いのです。たとえば、職場や学校での「信頼関係」は、単に礼儀正しく接することや約束を守ることにとどまっていますが、それが本当の信頼関係でしょうか。

信頼関係とは、お互いに「相手は自分を理解してくれている」という確信に基づいた心と心の強い結びつきのこと

57 日常で使われる「信頼」という言葉について、筆者はどのように述べているか。

1 常に表面的なものに限られている。

2 相手を理解する方法となっている。

3 使われ方が適切でないことが多々ある。

4 礼儀正しい人が特に使っている。

전략 조금 긴 지문을 읽고 질문에 맞는 답을 고르는 문제로, 지문 하나에 4문항이 출제돼요. 지문을 처음부터 천천히 읽으면서 세부적인 내용과 필자의 생각을 파악하고, 지문의 내용과 선택지의 내용이 가장 일치하는 것을 정답으로 고르세요. 대체로 지문의 흐름과 동일한 순서로 관련된 문제가 출제돼요.

문제12 통합이해 (총 2지문, 2문항)

다음 A와 B의 글을 읽고, 다음 질문에 대한 답으로 가장 적절한 것을, 1・2・3・4에서 하나 고르세요.

A

家庭や企業のゴミの排出量を減らす取り組みとして、ゴミ収集を有料化すべきだという声が高まっている。料金が発生することで、ゴミを慎重に捨てるようになるということだ。人々は排出量を減らすために、リサイクルや再利用

このように社会全体の環境意識が高まり、さらには地方自治体の負担も軽減できる。集めた費用を使い、ゴミ処理施設の改善やリサイクルプログラムを行うこともできるだろう。

B

ゴミ収集の有料化に関しては、少し慎重に考える必要がある。単純に住民への負担を増やすだけでなく、不法投棄や環境問題を引き起こす可能性があるからだ。ゴミを減らすために、逆に必要な分別やリサイクルを怠る恐れがある

さらに、ゴミ収集は公共サービスの一環として、何よりも人々の生活環境を支える役割がある。公共の福祉という観点においても、ゴミ収集の有料化は適切ではないといえる。

65 ゴミ収集の有料化について、AとBはどのように述べているか。

1 AもBも、地方の自治体への負担を減らすために必要だと述べている。

2 AもBも、ゴミの排出量の軽減につながると述べている。

3 Aはゴミ処理施設の改善につながると述べ、Bは人々の負担になると述べている。

4 Aは環境によくないと述べ、Bは必要性がないと述べている。

전략 A와 B 두 지문을 읽고 두 지문의 공통점이나 차이점, 언급되는 내용을 고르는 문제로, A지문을 읽고 B지문을 읽을 때 공통 주제는 무엇인지, 차이점은 무엇인지 파악하고, 지문의 내용과 선택지의 내용이 가장 일치하는 것을 정답으로 고르세요.

문제13 주장이해(장문) (총 1지문, 3문항)

다음 글을 읽고, 다음 질문에 대한 답으로 가장 적절한 것을, 1・2・3・4에서 하나 고르세요.

　モチベーションという言葉には、いろいろな解釈があります。私にとってモチベーションとは、単なる目標達成や成功への欲求だけではなく、内側から湧き上がるエネルギーそのものです。人生において自分を動かす原動力であり、何を追求したいのかを見つめ直すためのものであります。私のモチベーションの源は、過去の経験や感動にあると感じています。

　人生のあらゆる場面での瞬間が、私のモチベーションを保つ重要な要素になってます。幼少期の頃、祖父母と過ご

67　モチベーションについて、筆者の考えに合うのはどれか。

1　モチベーションを保つためには、経験を増やすだけでいい。
2　人生で求めるものをもう一度確かめることができる。
3　モチベーションが高ければ高いほど、挫折しなくなる。
4　周囲の声を気にすることで、モチベーションを高く保てる。

전략 긴 지문을 읽고 질문에 맞는 답을 고르는 문제로, 지문 하나에 3문항이 출제돼요. 지문을 처음부터 천천히 읽으면서 세부적인 내용과 필자의 주장을 파악하고, 지문의 내용과 선택지의 내용이 가장 일치하는 것을 정답으로 고르세요. 대체로 지문의 흐름과 동일한 순서로 관련된 문제가 출제돼요.

문제14 정보검색 (총 1지문, 2문항)

오른쪽 페이지의 안내문을 읽고, 아래 질문에 대한 답으로 가장 적절한 것을, 1・2・3・4에서 하나 고르세요.

70　ハンさんは、来月レイクサイドリゾートに行きたいと考えている。平日に家族で午後1時以降に行く予定で、できるだけ夜遅くまで温泉を利用できるものがいい。ハンさんの希望通りに利用できるのはどれか。

1　露天風呂とディナーバイキング
2　プライベートスパとディナーバイキング
3　大浴場とランチバイキング
4　露天風呂とランチバイキング

温泉施設のご案内

大浴場「湖の湯」		営業時間：10:00〜24:00	
料金	（平日）	おとな：2,000円	こども：1,000円
	（土日・祝日）	おとな：3,000円	こども：1,500円
露天風呂「森の露天」		営業時間：9:30〜17:30	
料金	（平日）	おとな：2,500円	こども：1,200円
	（土日・祝日）	おとな：3,500円	こども：2,000円

전략 질문의 조건에 맞는 선택지를 고르는 문제로, 질문에 제시된 조건들 하나하나 지문의 내용과 대조하여 전부 올바른 것을 정답으로 고르세요.

+ 청해

문제1 과제이해 (총 5문항)

문제1에서는, 우선 질문을 들어주세요. 그리고 나서 이야기를 듣고, 문제용지의 1에서 4 중에서, 가장 적절한 것을 하나 고르세요.

[문제지]

1番

1　ジュース類の補充

2　トイレ掃除

3　お菓子の品出し

4　レジ袋の注文

[음성]

スーパーで二人の職員が話しています。男の人がこの後しなければならないことは何ですか。

F：高橋さん、4時の廃棄の確認と、トイレ掃除お願いしてもいいかな。

M：分かりました。そういえば、廃棄の確認はさっき山田さんがするって言っていたのですが。

F：あ、そうなのね。じゃあ、いいわ。

⋮

男の人がこの後しなければならないことは何ですか。

전략 대화를 듣고 등장인물이 다음에 해야 할 행동을 고르는 문제로, 질문을 먼저 들려주므로 남자와 여자 중 누가 해야 할 행동을 고르는 문제인지 파악하고 해당 인물의 말에 특히 집중해서 올바른 것을 정답으로 고르세요. 미리 선택지를 읽어두면 내용을 파악하는데 도움이 돼요.

문제2 포인트이해 (총 6문항)

문제2에서는, 우선 질문을 들어주세요. 그 뒤, 문제용지의 선택지를 읽어 주세요. 읽는 시간이 있습니다. 그리고 나서 이야기를 듣고, 문제용지의 1에서 4 중에서, 가장 적절한 것을 하나 고르세요.

[문제지]

1番

1　朝寝坊することが多くなったから

2　スマホを使っている時間が分からなかったから

3　集中できなくなったから

4　仕事の効率が上がったから

[음성]

男の人と女の人が話しています。女の人はどうしてデジタルデトックスをしたと言っていますか。

M：最近、スマホを見すぎてる気がするんだよね。朝起きてから寝るまでずっと手放せないんだ。

F：私も同じような感じだよ。特にＳＮＳとか動画に時間を取られがちで。

M：わかるよ。スマホ見てると一瞬だよね。

⋮

女の人はどうしてデジタルデトックスをしたと言っていますか。

전략 대화를 듣고 대화의 내용과 일치하는 것을 고르는 문제로, 질문을 먼저 들려주므로 무엇을 묻는 문제인지 파악하고 질문에 특히 집중해서 들은 뒤, 올바른 것을 정답으로 고르세요. 주로 이유를 묻는 문제가 출제돼요.

문제3 개요이해 (총 5문항)

문제3에서는, 문제용지에 아무것도 인쇄되어 있지 않습니다. 이 문제는, 전체적으로 어떤 내용인지를 듣는 문제입니다. 이야기 전에 질문은 없습니다. 우선 이야기를 들어주세요. 그리고 나서, 질문과 선택지를 듣고, 1에서 4 중에서, 가장 적절한 것을 하나 고르세요.

<table>
<tr>
<td>[문제지]

－ メモ －</td>
<td>[음성]
ラジオで女の人が話しています。

F：最近、一人で食事をすることが増えてきたように感じます。少し前までは一人でご飯を食べることを「ぼっち飯」などとも呼んでいました。これには少しネガティブなニュアンスが含まれています。やむを得ず一人で食事をする状況を指すことが多いからです。忙しかったり、あるいは単に一緒に食べる人がいなかったりするがゆえに、「ぼっち飯」をするのです。

⋮

女の人の話のテーマは何ですか。
1. 一人飯の楽しみ方
2. 社会人の一人飯の割合
3. 社会で一人ぼっちになる勇気
4. 一人で食事することの捉え方の変化</td>
</tr>
</table>

전략 이야기를 듣고 주제를 고르는 문제로, 화자가 전체적으로 무엇을 중심으로 이야기를 하는지에 집중해서 듣고 올바른 것을 정답으로 고르세요.

문제4 즉시응답 (총 11문항)

문제4에서는, 문제용지에 아무것도 인쇄되어 있지 않습니다. 우선 문장을 들어주세요. 그리고 나서, 그 대답을 듣고, 1에서 3 중에서, 가장 적절한 것을 하나 고르세요.

<table>
<tr>
<td>[문제지]

－ メモ －</td>
<td>[음성]
この新しいプロジェクト、完了までにどのくらい時間がかかりそうですか？

M：1. そうですね。おそらく一ヶ月はかかるでしょう。
2. いや、プロジェクトの内容によります。
3. プロジェクトの詳細を確認してから考えましょう。</td>
</tr>
</table>

전략 상대방의 말에 적절한 대답을 고르는 문제로, 상대방의 말의 의미를 정확하게 파악하고 선택지의 내용에 주의해서 가장 자연스러운 것을 정답으로 고르세요.

문제5 통합이해 (총 3대화, 4문항)

문제5에서는, 긴 이야기를 듣습니다. 이 문제에는 연습은 없습니다. 문제용지에 메모를 써도 괜찮습니다.

1번, 2번　문제용지에 아무것도 인쇄되어 있지 않습니다. 우선 이야기를 들어주세요. 그리고 나서, 질문과 선택지를 듣고, 1에서 4 중에서, 가장 적절한 것을 하나 고르세요.

[문제지]	[음성]
－ メモ －	家で男の人と女の人が話しています。 F：ただいま。あら、何の匂いかしら。いい匂いがするわ。 M：おかえり。最近、残業続きで忙しかったじゃない。君が好きなハヤシライス作ったよ。 F：本当？ありがとう。じゃあ、先にごはんにしましょう。 ⋮ 二人は今週末、何を作ることにしましたか。 1. ハヤシライス 2. 肉じゃが 3. すき焼き 4. 牛丼

전략 1번은 두 사람의 대화, 2번은 세 사람의 대화를 듣고 화자가 최종적으로 결정한 것을 고르는 문제로, 대화 중에 언급되는 다양한 내용들의 특징을 메모하면서 듣고 최종 결정과 일치하는 것을 정답으로 고르세요.

3번　우선 이야기를 들어주세요. 그리고 나서, 두 개의 질문을 듣고, 각각 문제용지의 1에서 4 중에서, 가장 적절한 것을 하나 고르세요.

[문제지]	[음성]
質問 1 1　市立公園 2　中央美術館 3　海の先温泉 4　山中カフェ	番組を聞いて、夫婦が話しています。 M1：今回、ご紹介するのは、夫婦で行きたい地元のおすすめスポットです。まず、「市立公園」です。何と言っても自然を満喫できる広大な面積が特徴です。季節ごとに異なる風景を楽しむことができ、園内にある和風カフェもぜひ行きたいですね。 F：ねえ、久しぶりにカフェ、今週末行かない？ M2：直売所もあるんだってね。食材を買ってきて、晩ごはんを作ってもいいかもしれないね。 ⋮ 質問1．女の人は、どこに行きますか。

전략 3번은 한 사람의 긴 말을 듣고 두 사람의 대화를 통해 두 사람이 각각 선택한 것을 고르는 문제로, 한 사람의 긴 말을 들을 때 4개의 선택지 각각의 특징을 메모하면서 듣고, 두 사람의 결정과 일치하는 것을 정답으로 고르세요.

준비 다 되셨나요?

1. HB연필 또는 샤프, 지우개를 준비하셨나요?

2. 답안용지는 본책 211쪽에 수록되어 있습니다. 두 장을 잘라 각 영역에 맞게 답을 기입하세요.

3. 청해 영역을 풀 때는 QR코드를 스캔해서 듣기 파일을 준비해 주세요.
(청해 파일은 맛있는북스 홈페이지(www.booksJRC.com)에서도 무료로 다운로드 할 수 있습니다.)

N2

言語知識（文字・語彙・文法）・読解

（105分）

注　　意

Notes

1. 試験が始まるまで、この問題用紙を開けないでください。
   Do not open this question booklet until the test begins.

2. この問題用紙を持って帰ることはできません。
   Do not take this question booklet with you after the test.

3. 受験番号と名前を下の欄（らん）に、受験票と同じように書いてください。
   Write your examinee registration number and name clearly in each box below as written on your test voucher.

4. この問題用紙は、全部で29ページあります。
   This question booklet has 29 pages.

5. 問題には解答番号の 1、2、3 … が付いています。
   解答は、解答用紙にある同じ番号のところにマークしてください。
   One of the row numbers 1, 2, 3 … is given for each question. Mark your answer in the same row of the answer sheet.

受験番号　Examinee Registration Number	

名　前　Name	

問題1 ＿＿＿の言葉の読み方として最もよいものを、１・２・３・４から一つ選びなさい。

1 最近、株価が上がる傾向にあるそうだ。

1 けいこ　2 けいこう　3 げいこう　4 げいごう

2 友人の昇進をみんなで喜んだ。

1 よろこんだ　2 うれしんだ　3 ねたんだ　4 さけんだ

3 台風の被害により、公園の看板が壊れてしまった。

1 やぶれて　2 たおれて　3 こわれて　4 みだれて

4 人は誰でも過ちを犯すものだ。

1 あやまち　2 すなわち　3 たちまち　4 いらだち

5 何気なく空を見上げると、虹がかかっていた。

1 なにぎなく　2 なにげなく　3 なんげなく　4 なんとなく

問題2 ＿＿＿の言葉を漢字で書くとき、最もよいものを１・２・３・４から一つ選びなさい。

6 このパッケージには、朝晩の食事もふくまれている。

1 内まれて　2 服まれて　3 包まれて　4 含まれて

7 展望台から見下ろした海の色は、とてもあざやかでした。

1 和やか　2 彩やか　3 鮮やか　4 緩やか

8 ２点差で負けてしまったので、本当にくやしい。

1 毎しい　2 悔しい　3 侮しい　4 梅しい

9 その課題はいまだに解決できていない問題点が山積みだ。

1 末だに　2 来だに　3 未だに　4 味だに

10 昔工場だった場所が、今は子どもたちの教育しせつとして活用されている。

1 施設　2 設備　3 施策　4 政策

問題３　（　　　）に入れるのに最もよいものを、１・２・３・４から一つ選びなさい。

11　新宿駅（　　　）の特急電車に乗るつもりです。

1　離　　2　出　　3　発　　4　初

12　この風邪薬は、飲むと眠くなるという（　　　）作用があるようだ。

1　福　　2　複　　3　補　　4　副

13　近年、若者を中心に読書（　　　）が進んでいるとのことだ。

1　連れ　　2　逃げ　　3　離れ　　4　向け

問題4 （　　　）に入れるのに最もよいものを、1・2・3・4から一つ選びなさい。

14 必要なものを（　　　）メモして、無駄な買い物をしないようにした。

1 いきなり　2 とうとう　3 あらかじめ　4 まさか

15 台風の進路を正確に（　　　）するのは難しい。

1 予習　2 予感　3 予測　4 予約

16 アンケートの結果を（　　　）して、グラフにして会議で発表した。

1 発明　2 分析　3 分解　4 検査

17 彼女は予選敗退という結果をしっかりと（　　　）。

1 受け取った　2 受け付けた　3 受け止めた　4 受け継いだ

18 私は医療に（　　　）仕事が夢だ。

1 携わる　2 務める　3 従う　4 働く

19 人の話を聞いて、すぐに勘違いしてしまうのが彼の（　　　）だ。

1 弱み　2 軽み　3 薄み　4 少なみ

20 疲れていたものだから、つい（　　　）眠ってしまいました。

1 いきいき　2 うとうと　3 きっぱり　4 少さっぱり

問題５　＿＿＿の言葉に意味が最も近いものを、１・２・３・４から一つ選びなさい。

21 私はたびたび仕事で日本にでかけます。

1 しばしば　　2 たまたま　　3 つぎつぎ　　4 そろそろ

22 今日中に発表の資料を仕上げて提出しなければならない。

1 説明して　　2 考えて　　3 知らせて　　4 完成させて

23 この地方に雪が降るのはまれなことです。

1 よくある　　2 全くない　　3 しばらくある　　4 めったにない

24 彼が提示するマニフェストは市民たちの反感を買う内容だった。

1 提案　　2 公約　　3 標識　　4 要旨

25 甘いものには本当に目がないんです。

1 とても好きだ　　2 とても嫌いだ　　3 とても得意だ　　4 とても苦手だ

問題６　次の言葉の使い方として最もよいものを、１・２・３・４から一つ選びなさい。

26　展開

1　レストランの向かいに新しい本屋が展開した。

2　週末には学校の体育館が市民に展開される。

3　このドラマはストーリーの展開が単純なので面白くない。

4　博物館へ明治時代の展開を見に行った。

27　きっかけ

1　季節のきっかけに気温の変化で体調を崩しやすい。

2　今回の結果は、多くの人の予想に反するきっかけになった。

3　病気で入院したのをきっかけに、不規則な生活を改めることにした。

4　後輩のサポートをすることが私のきっかけです。

28　ふさわしい

1　彼は植物に対してふさわしい愛情を持っている。

2　彼は責任感が強いので、リーダーにふさわしい。

3　自分にふさわしいサイズのズボンを買った。

4　この仕事に対しては、はじめからふさわしくやりたいと思っている。

29　熱心

1　兄はいつも熱心に勉強していて尊敬する。

2　この度は熱心に仕事をさせていただきます。

3　選手が熱心の姿を見て感動した。

4　彼女の熱心な表情がとても素敵だ。

30　割り込む

1　このスーパーでは閉店１時間前から割り込みセールが行われる。

2　今度ゆっくり割り込んだ話をしたいと思う。

3　この店は割り込んだ雰囲気で有名だ。

4　きちんと並ばずに、割り込むのはよくない。

問題７　次の文の（　　　）に入れるのに最もよいものを、１・２・３・４から一つ選びなさい。

31 新幹線なら東京から京都まで約２時間（　　　）到着する。

1　で　　2　でも　　3　に　　4　には

32 暦の上では秋だと（　　　）まだ暑い日が続いている。

1　すると　　2　いうと　　3　しても　　4　いっても

33 スマートフォンが隣にあると、ついつい手を出さ（　　　）いられない。

1　ざるを　　2　ぬとは　　3　ずには　　4　なくて

34 私にとっては（　　　）がたい話だったが、どうやら事実のようだ。

1　信じ　　2　信じる　　3　信じて　　4　信じれ

35 医者には１週間で治ると言われたが、よくなる（　　　）ますます悪くなってきた。

1　ものの　　2　まいか　　3　ところに　　4　どころか

36 両親を心配（　　　）気持ちから、大学を辞めたいという相談をできずにいる。

1　するまいとする　　2　させまいとする

3　しかねるとする　　4　させかねるとする

37 正しい情報なのかどうか（　　　）勝手なことを言わないでくれよ。

1　確認するところが　　2　確認していなくて

3　確認もしないで　　4　確認するからには

38 外国語は何度も間違えて（　　　）上手になるものです。

1　はじめて　　2　からは　　3　からでないと　　4　上で

39 窓を開けた（　　）冷たい空気が入り込んできた。

1　次第　　2　とたん　　3　かのうちに　　4　かと思うと

40 フィリピンは赤道直下の国なんだから、雪なんか（　　）。

1　降るわけがないでしょう　　2　降らないわけがないでしょう

3　降るわけにはいかないでしょう　　4　降らないわけにはいかないでしょう

41 上司「急に仕事が立て込んで、次の会議の資料を準備する時間が足りないな。」

部下「もしよろしければ、私が代わりに資料を準備（　　）。」

1　差し上げましょうか。　　2　致しましょうか。

3　なさいましょうか。　　4　していただきましょうか。

42 西川「高橋さん、こないだ言ってたプロジェクトはどうなったの？」

高橋「あ、それなんだけど、ちょうどついさっき上司の許可が取れたんだ。」

西川「よかった。さすがうちのチームのエース（　　）ね。」

1　だけのことある　　2　にほかない

3　にちがいない　　4　のおそれがある

問題8　次の文の＿★＿に入る最もよいものを、１・２・３・４から一つ選びなさい。

（問題例）

あそこで ＿＿＿ ＿＿＿ ＿★＿ ＿＿＿ は私の姉です。

1　手　　2　振っている　　3　を　　4　人

（解答のしかた）

1．正しい文はこうです。

あそこで ＿＿＿ ＿＿＿ ＿★＿ ＿＿＿ は私の姉です。 1 手　3 を　2 振っている　4 人

2．＿★＿に入る番号を解答用紙にマークします。

（解答用紙）

（例）	① ● ③ ④

---

43 プロの ＿＿＿ ＿＿＿ ＿★＿ ＿＿＿ はすぐわかるらしい。

1　料理人　　2　いいか悪いか

3　ともなると　　4　使用された食材の質が

44 市では ＿＿＿ ＿＿＿ ＿★＿ ＿＿＿ 支援する計画を立てている。

1　家庭に　　2　子育て中の　　3　対して　　4　積極的に

45 母には毎年 ＿＿＿ ＿＿＿ ＿★＿ ＿＿＿、赤いバラの花をプレゼントする。

1　お祝いを　　2　たびに

3　する　　4　誕生日の

46 社会人生活を ＿＿＿ ＿★＿ ＿＿＿ ＿＿＿ のは、何よりも時間の管理だと思う。

1　必須と　　2　送る　　3　なる　　4　上で

47 値段が ＿＿＿ ＿★＿ ＿＿＿ ＿＿＿。

1　クオリティがいい　　2　高い

3　とは限らない　　4　からといって

問題９　次の文章を読んで、文章全体の内容を考えて、［48］から［51］の中に入る最もよいものを、１・２・３・４から一つ選びなさい。

以下はある記事である。

理想的な環境

「理想的な環境」というのは、的確な表現ではありません。自然界、そして社会のあらゆる領域において、状況や条件は常に変動し、完璧な環境が永遠に続くことはありません。［48］、物事の特性や本質を理解する際に理想的な環境を前提とすることは、一貫性が欠けています。物事の本性が理想的な環境においてのみ［49］という考えは、実際には誤解を招きやすいものなのです。

理想的な環境とは、あくまで一時的に作られたものであり、現実の多様性や複雑性を反映していません。例えば、科学的研究においても、物事の本質を明らかにするためには、さまざまな環境下での反応や変化を観察することが［50］。こうした多様な条件下での変化を理解することで、初めてその本質や特性が明確に見えてくるのです。例えば、植物の成長を考えてみましょう。ある植物が「理想的な」条件で育ったとすれば、その植物は最大限に成長するかもしれません。しかし、その植物が厳しい環境や予想外の条件下でどう反応し、どう適応するかを観察することで、その植物の本当の強さや特性が見えてきます。理想的な環境だけでは、その植物の全体像を理解することはできません。

このように、環境の変動や不確実性に対する適応能力や柔軟性を評価することが、物事の真の特性を知るためには［51］。

48

1　なぜなら　　2　そのため　　3　つまり　　4　だが

49

1　明らかになる　　2　明らかにする　　3　明るくなる　　4　明るくする

50

1　求めている点です　　2　求めさせているところです
3　求められます　　4　求めさせられることです

51

1　重要な鍵となるのです　　2　重要な鍵であるはずでした
3　重要な鍵でなければなりません　　4　重要な鍵だったかもしれません

問題10　次の(1)から(5)の文章を読んで、後の問いに対する答えとして最もよいものを、1・2・3・4から一つ選びなさい

(1)

「挑戦」とは不確実性を取り除こうとするものではない。よく結果ではなく過程を重視しろという言葉があるが、だからといって失敗しないわけでもない。不確実性は未知の世界であり、恐怖や不安を引き起こすが、完全に排除することはできない。そこでこれを理解し、受け入れることで、その影響力は次第に薄れていくのだ。結局、その結果は、成長への階段を一段登るか、最初に目標とした地点に戻ることになる。これを日々の生活に取り入れることで、不確実性は克服の対象ではなくなるのだ。

52　筆者の考えに合うのはどれか。

1　結果よりも過程を大切にすべきだ。

2　不確実性を直視すべきだ。

3　不確実性を減らすように努力すべきだ。

4　挑戦するなら何度失敗してもいい。

(2)

以下は、ある会社の社内文書である。

令和４年　11月16日

関係者各位

総務課長

防災訓練実施のお知らせ

下記の通り、総合防災訓練を実施いたします。今回の訓練は地震を想定し、避難経路の確認や避難場所への移動を主な内容としています。館内アナウンスに従い、非常時に迅速かつ的確に行動できるよう、訓練への積極的な参加をお願いいたします。

- 日時：令和４年　12月16日（金）10:00〜11:00
- 対象：全従業員
- 内容：各フロアから非常階段を使用し駐車場へ避難
- 備考：当日までに避難経路を確認しておいてください。

訓練中は、通常業務を一時停止し、安全に避難することを最優先とします。また、避難後は各自の持ち場での点呼と安全確認を行いますので、訓練が完了するまでご協力をお願いします。

53 この文書を書いた、一番の目的は何か。

1　地震を想定しながら業務を行うことを求める。

2　緊急事態にはすみやかに避難することを求める。

3　避難経路を把握することを求める。

4　災害を想定した訓練に参加することを求める。

(3)

人が幸福を追求することは当然です。これが行動の基準になっているともいえるでしょう。しかし、幸福を追求しようとするあまりある行動が習慣化された場合は注意が必要です。人間の脳はある行動に対して常に、そして永遠に幸せを感じることはできないようになっています。そのため以前と同じような幸福感を得るために、過度に反復されるようになり、これはかえって不幸になる習慣となるのです。何事もほどほどに、と言った言葉にはそれなりの説得力があるのです。

54 筆者の考えに合うのはどれか。

1　幸せを追求し続ければ、習慣として定着する。

2　好きなことだけをしていては幸せになれない。

3　反復して幸福を追い求めるべきだ。

4　習慣が本来の目的と異なっていないか気をつけなければならない。

(4)

感情をもう一度充電するには、何もしないで過ごす時間も重要だ。しかし、心のバッテリーは1時間使ったから1時間充電すればいいわけではない。どういう風に充電するかは、人それぞれだろう。その時間が思ったより長くかかったとしても、別にかまわないのだ。逆にゆっくりと充電しなければ、バッテリーは壊れてしまうかもしれない。感情を充電する時間は、なにより日常の活力を取り戻すための重要な過程である。自分の感情の変化を把握することもいいが、一度自分なりの感情の充電方法を見つけてみるのもいいだろう。

55 筆者によると、感情の充電はどのようにするべきか。

1　急いで充電しないようにする。

2　消耗した分と同じ時間する。

3　バッテリーが壊れていないか確認する。

4　必要以上にゆっくりとする。

(5)

以下は、本屋から届いたはがきである。

000-0000

東京都西東京市保谷町　0－00－0－000

クリスティーン・クラーク　様

— **お客様感謝祭のご案内** —

いつも「林田書店」をご利用いただき、ありがとうございます。この度、日ごろの感謝の気持ちを込め、期間限定セールを開催いたします。期間中、文庫・新書を３冊以上お買い上げで15%OFFとなります。

さらに、会員のお客様には、追加で５%割引が適用されます！会員の方はお忘れなく会員カードをご持参ください。

3月20日～3月24日までの５日間の限定セールですのでお見逃しなく！この機会に、ぜひお買い求めください！！

また、店舗にない本もまとめてご注文が可能です。詳細やご利用方法につきましては、店頭スタッフまたは裏面をご覧ください。皆様のご来店を心よりお待ちしております。

56 このはがきで紹介されている割引サービスについて正しいものはどれか。

1　期間中会員の人は、さらにお得になる。

2　本を４冊購入すれば、最大で30%安く買うことができる。

3　会員カードを持っている人は５割引きが適応される。

4　期間中のみ好きな本を注文することができる。

問題11　次の(1)から(2)の文章を読んで、後の問いに対する答えとして最もよいものを、１・２・３・４から一つ選びなさい。

(1)

日常でよく、「信頼関係が大事だ」とか、「あなたを信頼しています」という話を聞きます。しかし、私はこの言葉が誤解されていることが多いと感じます。特に、「信頼」という言葉が単なる表面的なものである場合が多いのです。たとえば、職場や学校での「信頼関係」は、単に礼儀正しく接することや約束を守ることにとどまっていますが、それが本当の信頼関係でしょうか。

信頼関係とは、お互いに「相手は自分を理解してくれている」という確信に基づいた心と心の強い結びつきのことを指します。信頼関係は、短時間で築かれることはありません。共に過ごした時間の中でお互いの価値観を共有し、お互いの違いを受け入れ合い、お互いの弱さを認め合い、お互いの人格を理解し、尊重し合うことで信頼関係は築き上げられていきます。

本当に信頼関係が築けているならば、相手のご機嫌を伺うような必要はありません。表面的な言葉や気を引くような態度をとる必要もありません。また、無意味に親密さをアピールする必要もありません。これらの行動は、相手からの信頼が得られているのか確信が持てずにいる時に見られる行動です。あなたのあらゆる行動を褒めてくれる人も、信頼しているとはいえません。相手が傷つくかもしれないから、悪いことを伝えないのは、本当に相手のためを思っている①とはいえないのです。よいことはよいと認め、悪いことは悪いと伝える。それが相手の成長を心から願っているということです。

さらによくある誤解として、依存という考え方があります。しかし、信頼関係はお互いに依存し合うことではなく、独立しながらもお互いを支え合うことにあります。つまり、信頼関係があるからこそ、安心して自分の意見や感情を表現できるのです。②信頼しているから絶対に頼るという行動は、矛盾しているのです。相手に頼ることで一時的な安心感を得ようとする関係は、長続きしません。

57 日常で使われる「信頼」という言葉について、筆者はどのように述べているか。

1 常に表面的なものに限られている。

2 相手を理解する方法となっている。

3 使われ方が適切でないことが多々ある。

4 礼儀正しい人が特に使っている。

58 信頼について、筆者の考えに合うものはどれか。

1 信頼していることを相手にしっかりと伝えることである。

2 長い時間をかけて築き上げることである。

3 相手の反応におびえることである。

4 独立し、助けを必要としないことである。

59 筆者によると、①本当に相手のためを思っているとは、どのようなことか。

1 確信がなくても相手を認めること

2 無意味なアピールを指摘すること

3 時には過ちを的確に指摘できること

4 常に頼れる状況であること

60 ②信頼しているから絶対に頼るという行動は、矛盾しているとは、どういう意味か。

1 相手に頼ることによって、一時的な安心感がもたらされる。

2 そもそも信頼関係があれば、相手に頼らなくても独立的に自分の考えが表現できる。

3 相手を信頼しているからこそ、自分だけの力で解決すべきである。

4 信頼しているならば、独立しながらもお互いを支え合わなければならない。

(2)

社会的地位が高ければ、ストレスも増えるものです。その要因としては、仕事自体が大変になるからだと思われることが多いです。複雑な業務内容や重い責任が、精神的な負担を増大させるということです。しかしながら、実際のところ、ストレスを引き起こすのは仕事の難しさだけではないのです。

会社で高いポジションに就くと、組織全体や他部署との調整、外部との交渉など、自分だけでは解決できない問題に直面することが多くなります。これにより、自分の意思や努力が直接結果に結びつかない状況が増えます。このような自分でコントロールできない領域の存在が、不安を引き起こす原因になるのです。自分の手の届かないところでの変化や予測できないリスクに対応しなければならないため、常に緊張感を持つようになるのです。仕事量が多くても負担となりますが、それらを処理する過程での紆余曲折(うよきょくせつ)(注1)が負担と言えるのです。

さらには、見返り(みかえ)(注2)としての報酬が必ずしも十分でない場合も多いです。成功してもそれが十分に評価されなかったり、失敗した場合のリスクが大きすぎたりする状況では、モチベーションを維持するのが難しくなります。にもかかわらず、ほとんどの仕事で多くの時間を費やすことが求められます。このアンバランスが、大きなストレスとなり、精神的な負担につながるのです。

（注１）紆余曲折(うよきょくせつ)：様々な経過をたどり変化すること
（注２）見返り(みかえ)：相手のしてくれたことに対して何かをすること

61 筆者によると、社会的地位が高い人の特徴は何か。

1 予測しづらい状況下にいることが多い。

2 精神的な尊敬を受けている人が多い。

3 ストレスをコントロールできない人が多い。

4 組織の中での交渉能力が高い人が多い。

62 コントロールできない領域とあるが、これはどのような状況を意味しているか。

1 成功したとしても十分に褒めてもらえない状況

2 上司として部下への影響力がない状況

3 無能な同僚ばかりが周りにいる状況

4 自分が意図した方向に仕事が進まない状況

63 筆者によると、ストレスが増加する理由は何だと述べているか。

1 管理職としての業務に多くの時間が費やされるから。

2 自分の力だけで解決しなければならないから。

3 成功時の評価が小さく、失敗時のリスクが大きいから。

4 周りが十分に期待せず、常に緊張しなければならないから。

64 筆者が述べたいことは何か。

1 社会的地位が高くなると、様々な要因によりストレスを受けることになりやすい。

2 社会的地位を上げるためには、ストレス耐性が備わっていなければならない。

3 社会的地位が高い人は、精神的な負担が大きくてもうまく対処することができる。

4 社会的地位が高くなっても、報酬が十分でない場合が多く、改善する必要がある。

問題12　次のＡとＢの文章を読んで、後の問いに対する答えとして最もよいものを、１・２・３・４から一つ選びなさい。

A

家庭や企業のゴミの排出量を減らす取り組みとして、ゴミ収集を有料化すべきだという声が高まっている。料金が発生することで、ゴミを慎重に捨てるようになるということだ。人々は排出量を減らすために、リサイクルや再利用、無駄な消費の削減が進むだろう。

これは環境意識の向上にもつながる。消費者はより環境に優しい製品を選ぶようになるだろう。これにより、企業もエコ製品の開発により力を入れることができる。このように社会全体の環境意識が高まり、さらには地方自治体の負担も軽減できる。集めた費用を使い、ゴミ処理施設の改善やリサイクルプログラムを行うこともできるだろう。

B

ゴミ収集の有料化に関しては、少し慎重に考える必要がある。単純に住民への負担を増やすだけでなく、不法投棄や環境問題を引き起こす可能性があるからだ。ゴミを減らすために、逆に必要な分別やリサイクルを怠る恐れがあるのだ。ゴミが適切に処理されなければ、結果的に環境に悪影響を与えることになる。

有料化がゴミの排出量を減らすために考案されたのは理解できる。しかし、長期的に見たとき、ゴミの削減やリサイクルの重要性を住民に理解してもらう方が効果的である。有料化という強制的な方法ではなく、自主的に環境に配慮した行動をとるようにすることが大切である。さらに、ゴミ収集は公共サービスの一環として、何よりも人々の生活環境を支える役割がある。公共の福祉という観点においても、ゴミ収集の有料化は適切ではないといえる。

65 ゴミ収集の有料化について、AとBはどのように述べているか。

1　AもBも、地方の自治体への負担を減らすために必要だと述べている。

2　AもBも、ゴミの排出量の軽減につながると述べている。

3　Aはゴミ処理施設の改善につながると述べ、Bは人々の負担になると述べている。

4　Aは環境によくないと述べ、Bは必要性がないと述べている。

66 人々の環境への配慮について、AとBはどのように述べているか。

1　AもBも、ゴミを減らすためには必要だと述べている。

2　AもBも、自治体が教育すべきだと述べている。

3　Aは、有料化することで意識が高まると述べ、Bは特に方法がないと述べている。

4　Aは、ゴミの削減につながると述べ、Bはエコ製品の使用を推奨すべきだと述べている。

問題13　次の文章を読んで、後の問いに対する答えとして最もよいものを、１・２・３・４から一つ選びなさい。

以下は、ある先生が書いた文章である。

モチベーションという言葉には、いろいろな解釈があります。私にとってモチベーションとは、単なる目標達成や成功への欲求だけではなく、内側から湧き上がる(注1)エネルギーそのものです。人生において自分を動かす原動力であり、何を追求したいのかを見つめ直すためのものであります。私のモチベーションの源は、過去の経験や感動にあると感じています。

人生のあらゆる場面での瞬間が、私のモチベーションを保つ重要な要素になってます。幼少期の頃、祖父母と過ごしたひとときや、青年期に努力をして成果を得たときの充足感、初めての海外旅行で見た景色などが深く刻まれています。この感動的な瞬間が、私が今日も前進し、新たな挑戦に取り組む原動力となっているのです。過去の感動を振り返り、そのエネルギーを引き出すことで、次の挑戦への肥し(注2)となっています。もちろん、過去の失敗や挫折も、モチベーションを深める要素の一つとして大切にしています。これは自分の弱点や改善すべき点を見つめ直す機会になるからなのです。

ここでいう感動というのは、他者の助けや支えがなければ成り立たないものだと私は信じています。家族や友人、先生や同僚、また時には見知らぬ人々との出会いが、私の人生において大きな意味を持っています。しかし、その経験をモチベーションに変えるのは、結局のところ自分自身でしょう。周囲の環境や外的な要因も影響を与えることはありますが、本当の力は自分の内にあるのです。あくまでも過去の感動と経験が作り出したものであり、誰かから与えられたものではありません。独自のエネルギー源なのです。

私のモチベーションは、内なる情熱と外との調和から生まれます。他人から与えられた理想や押し付けられた目標ではなく、自分自身が求めているものだから、確固とした意味と目的を持つのです。その灯火(注3)が燃え続ける限り、私はどんな暗闇の中でも道を見失うことなく、目指すべき場所にたどり着けると自信を持って言えます。

（注1）湧き上がる：外へ出てくる

（注2）肥し：成長のもとになるもの

（注3）灯火：つけた火、明かり

67 モチベーションについて、筆者の考えに合うのはどれか。

1 モチベーションを保つためには、経験を増やすだけでいい。

2 人生で求めるものをもう一度確かめることができる。

3 モチベーションが高ければ高いほど、挫折しなくなる。

4 周囲の声を気にすることで、モチベーションを高く保てる。

68 感動について、筆者はどのように考えているか。

1 他人から与えられたものではない。

2 自分の中で作り出すものである。

3 人生の原動力につながっている。

4 他の人に助けてもらわないとできない。

69 灯火が燃え続ける限りとは、どのようなことか。

1 自分が本当に求めていることを見つける。

2 モチベーションを保ち続ける。

3 見えない所を見えやすくする。

4 失敗を恐れずに挑戦する。

問題14　右のページは、あるホテルのホームページに載っている案内である。下の問いに対する答えとして最もよいものを、１・２・３・４から一つ選びなさい。

70　ハンさんは、来月レイクサイドリゾートに行きたいと考えている。平日に家族で午後１時以降に行く予定で、できるだけ夜遅くまで温泉を利用できるものがいい。ハンさんの希望通りに利用できるのはどれか。

1　露天風呂とディナーバイキング
2　プライベートスパとディナーバイキング
3　大浴場とランチバイキング
4　露天風呂とランチバイキング

71　ジョイさんは、今度の日曜日に妻と子ども１人と一緒にレイクサイドリゾートの露天風呂と、ディナーバイキングを利用したい。子どもは小学６年生である。ジョイさんたちの料金はどのようになるか。

1　露天風呂が7,500円とディナーバイキングが8,500円
2　露天風呂が7,500円とディナーバイキングが10,000円
3　露天風呂が9,000円とディナーバイキングが8,500円
4　露天風呂が9,000円とディナーバイキングが10,000円

レイクサイドリゾート

温泉施設のご案内

レイクサイドリゾートでは、自然の中でリラックスできる温泉施設を多数ご用意しております。心と体を癒すひとときをお楽しみください。

大浴場「湖の湯」　営業時間：10:00〜24:00

料金	(平日)	おとな：2,000円	こども：1,000円
	(土日・祝日)	おとな：3,000円	こども：1,500円

露天風呂「森の露天」　営業時間：9:30〜17:30

料金	(平日)	おとな：2,500円	こども：1,200円
	(土日・祝日)	おとな：3,500円	こども：2,000円

家族風呂「プライベートスパ」　営業時間：8:00〜23:00

料金　1部屋（90分）：6,000円

※「プライベートスパ」は、ご家族などでゆったりと過ごせる貸切風呂です。予約制となっておりますので、事前にご連絡ください。（土日・祝日のみ可能です。）

ランチバイキング　時間：11:00〜15:30　(最終受付は14時まで)

料金	(平日)	おとな：2,000円	こども：1,200円
	(土日・祝日)	おとな：2,800円	こども：1,700円

ディナーバイキング　時間：17:30〜21:00　(最終受付は20時まで)

料金	(平日)	おとな：3,500円	こども：1,500円
	(土日・祝日)	おとな：4,000円	こども：2,000円

レイクサイドリゾートでは温泉施設とともに、バイキングをご利用いただけます。

★料金の区分について

- おとな…中学生以上のお客様
- こども…４歳から小学生までのお子様（３歳以下のお子様は無料です。）

※ 刺青・タトゥーのある方は入浴をご遠慮いただいております。

ご予約・お問い合わせ　000-111-1111（直通）

N2

聴解

（50分）

注　　意
Notes

1．試験が始まるまで、この問題用紙を開けないでください。
Do not open this question booklet until the test begins.

2．この問題用紙を持って帰ることはできません。
Do not take this question booklet with you after the test.

3．受験番号と名前を下の欄(らん)に、受験票と同じように書いてください。
Write your examinee registration number and name clearly in each box below as written on your test voucher.

4．この問題用紙は、全部で13ページあります。
This question booklet has 13 pages.

5．この問題用紙にメモをとってもかまいません。
You may make notes in this question booklet.

受験番号　Examinee Registration Number	
名　前　Name	

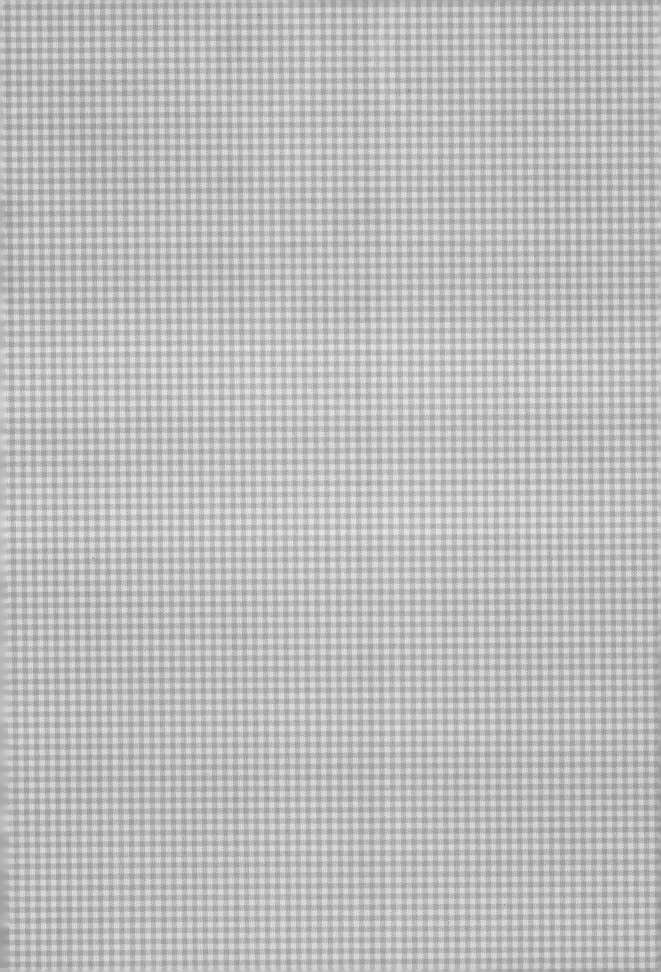

問題1

問題１では、まず質問を聞いてください。それから話を聞いて、問題用紙の１から４の中から、最もよいものを一つ選んでください。

例

1　学生証の更新をする

2　図書館のウェブサイトにアクセスする

3　受付カウンターに行く

4　図書館にメールを送る

1番

1　ジュース類の補充

2　トイレ掃除

3　お菓子の品出し

4　レジ袋の注文

2番

1　印刷をまかせに行く

2　改善策を担当者とまとめる

3　社長に資料を見せに行く

4　資料を修正する

3番(ばん)

1　タクシーを呼(よ)ぶ

2　タオルを確認(かくにん)する

3　シャトルバスを予約(よやく)する

4　エアコンを直(なお)す

4番(ばん)

1　不動産屋(ふどうさんや)へ行(い)く

2　駅(えき)まで歩(ある)いて行(い)く

3　内見(ないけん)の予定(よてい)を入(い)れる

4　家賃(やちん)を決(き)める

5番

1　課題を終わらせる

2　図書館のソファで寝る

3　コーヒーを買いに行く

4　20分ほど仮眠をとる

問題２

問題２では、まず質問を聞いてください。そのあと、問題用紙のせんたくしを読んでください。読む時間があります。それから話を聞いて、問題用紙の１から４の中から、最もよいものを一つ選んでください。

例

1　自分が着る服を選んでほしいから

2　旅行に行くことになったから

3　もうすぐ夏だから

4　今ちょうど安く売っているから

1番

1 朝寝坊することが多くなったから

2 スマホを使っている時間が分からなかったから

3 集中できなくなったから

4 仕事の効率が上がったから

2番

1 夏になって暑いから

2 消化不良だから

3 風邪をひいているから

4 食欲があるから

3番

1　自分には使いづらいものだったから

2　欲しいと言ったものをくれなかったから

3　高すぎるデザインのものをくれたから

4　下心が見えるものだったから

4番

1　乗り物酔いをしないから

2　乗り換えなくてもいいから

3　渋滞の心配がないから

4　電車の方がはるかに早く着くから

5番

1　競合店が周囲にできたから

2　人手が足りないから

3　夜まで営業していないから

4　家賃が高騰したから

6番

1　子どもの自由時間が制限されるから

2　塾まで送迎するのが難しいから

3　基礎学力が低下してしまうから

4　今の教育環境がよくないから

問題3

問題3では、問題用紙に何もいんさつされていません。この問題は、全体としてどんな内容かを聞く問題です。話の前に質問はありません。まず話を聞いてください。それから、質問とせんたくしを聞いて、1から4の中から、最もよいものを一つ選んでください。

－ メモ －

もんだい
問題4

問題4では、問題用紙に何もいんさつされていません。まず文を聞いてください。それから、それに対する返事を聞いて、１から３の中から、最もよいものを一つ選んでください。

－ メモ －

問題 5

問題５では、長めの話を聞きます。この問題には練習はありません。

問題用紙にメモをとってもかまいません。

1番、2番

問題用紙に何もいんさつされていません。まず話を聞いてください。それから、質問とせんたくしを聞いて、１から４の中から、最もよいものを一つ選んでください。

－ メモ －

3番

まず話を聞いてください。それから、二つの質問を聞いて、それぞれ問題用紙の１から４の中から、最もよいものを一つ選んでください。

質問１

1　市立公園
2　中央美術館
3　海の先温泉
4　山中カフェ

質問２

1　市立公園
2　中央美術館
3　海の先温泉
4　山中カフェ

정답 162쪽

준비 다 되셨나요?

1. HB연필 또는 샤프, 지우개를 준비하셨나요?

2. 답안용지는 본책 211쪽에 수록되어 있습니다. 두 장을 잘라 각 영역에 맞게 답을 기입하세요.

3. 청해 영역을 풀 때는 QR코드를 스캔해서 듣기 파일을 준비해 주세요.
   (청해 파일은 맛있는북스 홈페이지(www.booksJRC.com)에서도 무료로 다운로드 할 수 있습니다.)

N2

言語知識（文字・語彙・文法）・読解

（105分）

注　意

Notes

1．試験が始まるまで、この問題用紙を開けないでください。
Do not open this question booklet until the test begins.

2．この問題用紙を持って帰ることはできません。
Do not take this question booklet with you after the test.

3．受験番号と名前を下の欄(らん)に、受験票と同じように書いてください。
Write your examinee registration number and name clearly in each box below as written on your test voucher.

4．この問題用紙は、全部で29ページあります。
This question booklet has 29 pages.

5．問題には解答番号の 1、2、3 … が付いています。
解答は、解答用紙にある同じ番号のところにマークしてください。
One of the row numbers 1, 2, 3 … is given for each question. Mark your answer in the same row of the answer sheet.

受験番号 Examinee Registration Number	

名前 Name	

問題1 ＿＿＿の言葉の読み方として最もよいものを、1・2・3・4から一つ選びなさい。

1 彼は日本の伝統工芸に詳しい。

1 むずかしい　2 きびしい　3 くわしい　4 やさしい

2 彼女の父は農業を営んでいる。

1 のうぎょ　2 のうぎょう　3 のんぎょ　4 のんぎょう

3 梅雨の時期になると、食べ物がすぐ傷む。

1 きずむ　2 いたむ　3 おしむ　4 いどむ

4 彼が言っていることも、一応調べてみる必要がある。

1 いちおう　2 いちのう　3 いちりつ　4 いちよう

5 スクリューに網が絡まっている。

1 あつまって　2 あやまって　3 からまって　4 きわまって

問題２　＿＿＿の言葉を漢字で書くとき、最もよいものを１・２・３・４から一つ選びなさい。

6　夜遅くに連絡したにもかかわらず、彼はこころよく了承してくれた。

1　契く　　2　潔く　　3　抉く　　4　快く

7　いつかてんねんガスの開発に携わる仕事をしてみたい。

1　天然　　2　自然　　3　天燃　　4　自燃

8　彼の弟はとてもれいぎ正しい。

1　札義　　2　札儀　　3　礼義　　4　礼儀

9　努力の末、第一しぼうの大学に合格することができた。

1　希望　　2　志望　　3　希聖　　4　志聖

10　部屋にはたくさんの本がばらばらにちらばっていた。

1　散らばって　　2　撒らばって　　3　徹らばって　　4　徴らばって

問題３　（　　　）に入れるのに最もよいものを、１・２・３・４から一つ選びなさい。

11　与党と野党の協議が（　　　）公式に行われた。

1　不　　2　非　　3　有　　4　無

12　この建物は工事が中断し、（　　　）完成のままだ。

1　未　　2　末　　3　悪　　4　不

13　試合中、その選手がずっと主導（　　　）を握っていた。

1　圏　　2　権　　3　軒　　4　券

問題4 （　　　）に入れるのに最もよいものを、１・２・３・４から一つ選びなさい。

14 起きたばかりで眠たかったが、シャワーを浴びたら（　　　）した。

1 ぎっしり　　2 きらきら　　3 すっきり　　4 がっかり

15 彼女はいつも目標を達成しようと（　　　）いる。

1 努めて　　2 務めて　　3 勤めて　　4 諦めて

16 急に残業することになってディナーの予約を（　　　）した。

1 イメージ　　2 オープン　　3 キャンセル　　4 サービス

17 この度は（　　　）迷惑をおかけしました。

1 巨大な　　2 多大な　　3 盛大な　　4 壮大な

18 山田先生は私が高校３年生の時の（　　　）です。

1 管理　　2 負担　　3 担任　　4 任命

19 この頃、子供に（　　　）親が増えているという。

1 厚い　　2 辛い　　3 苦い　　4 甘い

20 時間は（　　　）あるので、ゆっくりしても大丈夫ですよ。

1 たっぷり　　2 しっかり　　3 うっかり　　4 ぼんやり

問題５　＿＿＿の言葉に意味が最も近いものを、１・２・３・４から一つ選びなさい。

21 それは厄介なことになるかもしれないですね。

1　嫌な　　2　面倒な　　3　嘘みたいな　　4　贅沢な

22 彼はいつも不平ばかり口にする。

1　文句　　2　文言　　3　評価　　4　論争

23 とりあえず今日はここまで済ませておけば大丈夫でしょう。

1　一体　　2　全て　　3　一旦　　4　全く

24 大会に出場する人数を揃えるのは、本当に大変でした。

1　準備する　　2　集める　　3　合わせる　　4　はめ込む

25 彼女からの返事を首を長くして待つ。

1　熱中して　　2　心配して　　3　催促して　　4　期待して

問題６　次の言葉の使い方として最もよいものを、１・２・３・４から一つ選びなさい。

26 外見

1 彼は怒っている外見だった。

2 彼は自分の表情を外見に出さない。

3 窓の外見を見たら、怪しい男が、道を行ったり来たりしていた。

4 外見で人を判断しちゃいけないよ。

27 手軽

1 質問があれば手軽に聞いてください。

2 いつもはしないのに、今回は手軽なミスをしてしまった。

3 朝は時間がないので、おにぎりだけで手軽に朝食を済ませる。

4 そんな手軽なこと、説明してもらわなくてもわかるよ。

28 生涯

1 生涯忘れられない思い出になると思います。

2 生涯のお願いをしてもいいですか。

3 生涯は何が起こるかわからない。

4 私は生涯の魚を食べたことがありません。

29 シェア

1 彼の目標は日本一のシェアになることです。

2 会議の資料はメールでシェアしますね。

3 部屋に入るとシェアな雰囲気だった。

4 彼女はいつもシェアがあって、周囲を明るくしてくれる。

30 鋭い

1 彼は頭の回転がとても鋭い。

2 働きながら大学院に通っているので、とても鋭い。

3 彼女は忙しくなると、私に対して感情が鋭い。

4 犬は生まれながら鋭い嗅覚を持っている。

問題７　次の文の（　　　）に入れるのに最もよいものを、１・２・３・４から一つ選びなさい。

31　日本に来てもう３ヶ月。来月、国へ（　　　）とき、母に日本のおみやげをあげよう。

1　帰る　　2　帰っている　　3　帰って　　4　帰り

32　今はメールもありますから、わざわざ出向く（　　　）はないですよ。

1　の　　2　こと　　3　もの　　4　に

33　彼は今年二十歳（　　　）、子どもみたいだよね。

1　ともなると　　2　ばかりに　　3　にしては　　4　ともあれば

34　10年ぶりに東京に戻って（　　　）ので、まだ慣れないです。

1　いらっしゃいました　　2　まいりました

3　おこしになりました　　4　おりました

35　今日のテストで（　　　）この問題が出るとは思わなかった。

1　かりに　　2　まさか　　3　やはり　　4　せめて

36　夏休みの宿題、早めに（　　　）よかったなあ。

1　やっておいても　　2　やっておけば

3　やっておくなら　　4　やっておくしか

37　その記事を読んで、多くのことを（　　　）。

1　考えられた　　2　考えさせた

3　考えさせられた　　4　考えさせていた

38 A「このホテル、ずっと来たかったんだけど、期待通りだわ。」

B「さすが一流ホテル（　　　）、雰囲気もサービスも最高だね。」

1　だけでも　　2　だけあって　　3　につけ　　4　に際して

39 工場の移転を（　　　）住民と企業の間で争いが起こった。

1　もとにして　　2　わたって　　3　こめて　　4　めぐって

40 昔はよくこの公園で遊んだ（　　　）。

1　わけだ　　2　ことだ　　3　ものだ　　4　ばかりだ

41 （学校で）

学生「今度の期末レポートのテーマはどうしましょうか。」

教授「うーん、来週の授業を（　　　）決めかねるなあ。」

1　終えてからみると　　2　終えたからといって

3　終えてからでないと　　4　終えた上には

42 A「来週末の博覧会に行こうか迷ってるんだ。」

B「部長がやむを得ない事情がない（　　　）、みんな来てほしいって言ってたわよ。」

1　限り　　2　限らず　　3　どころか　　4　どころでは

問題８　次の文の＿★＿に入る最もよいものを、１・２・３・４から一つ選びなさい。

（問題例）

あそこで ＿＿＿ ＿＿＿ ＿★＿ ＿＿＿ は私の姉です。

1　手　　2　振っている　　3　を　　4　人

（解答のしかた）

１．正しい文はこうです。

あそこで ＿＿＿ ＿＿＿ ＿★＿ ＿＿＿ は私の姉です。 1 手　3 を　2 振っている　4 人

２．＿★＿に入る番号を解答用紙にマークします。

（解答用紙）

（例）	① ● ③ ④

---

43 85歳の祖母は耳が ＿＿＿ ＿＿＿ ＿★＿ ＿＿＿、一人で明るく生活している。

1　ものの　　2　よく　　3　ない　　4　聞こえ

44 彼はコンディションが悪いにもかかわらず、＿＿＿ ＿＿＿ ＿★＿ ＿＿＿ 。

1　全コースを　　2　マラソンの　　3　ぬいた　　4　走り

45 今日の ＿＿＿ ＿★＿ ＿＿＿ ＿＿＿ 予定だ。

1　おいて　　2　行われる　　3　大ホールに　　4　講演は

46 彼女はいつも ＿＿＿ ＿＿＿ ＿★＿ ＿＿＿ ことで有名だ。

1　ファンの　　2　応じて　　3　声援に　　4　くれる

47 これだけ ＿＿＿ ＿★＿ ＿＿＿ ＿＿＿ 。

1　合格するに　　2　頑張った

3　きまっている　　4　んだから

問題9　次の文章を読んで、文章全体の内容を考えて、［48］から［51］の中に入る最もよいものを、1・2・3・4から一つ選びなさい。

以下はある記事である。

高齢化社会

高齢化社会は、日本にとって避けられない現実です。戦後の高度経済成長期を支えた世代が高齢化し、出生率の低下も加わり、65歳以上の高齢者が全人口の約30%を占めています。この急速な高齢化は、社会全体に大きな影響を及ぼし、労働力人口の減少や年金・医療費の増加が国家財政を圧迫します。政府や自治体は様々な政策を検討・実施していますが、効果的な解決策はまだ［48］。

高齢化社会の問題は経済的な負担だけでなく、高齢者の生活の質や社会参加の機会も重要です。多くの高齢者が退職後に孤立し、健康問題や精神的ストレスを［49］なっています。地域コミュニティやボランティア活動を通じて、高齢者が社会と繋がりを持ち続けることが求められます。また、介護施設や在宅介護の充実も必要です。家族の負担を軽減し、高齢者が安心して暮らせる環境を整えるべきなのです。

［50］、テクノロジーの活用も高齢化社会において重要になってくるでしょう。ロボットやＡＩを活用した介護支援、遠隔医療、スマートホームなどの技術は、高齢者の生活を便利で安全にします。地方に住む高齢者にとって、これらの技術は都市部との格差を埋める手段として［51］。しかし、これらの技術を普及させるためには、インフラ整備やデジタルリテラシーの向上が必要です。高齢化社会を迎えるにあたり、私たち一人ひとりが高齢者を支える意識を持ち、共に生きる社会を築く努力が重要です。

48

1　見つかるでしょう　　2　見つけさせています

3　見つかっていません　　4　見つけられるはずです

49

1　抱えやすく　　2　抱えにくく

3　抱えがたく　　4　抱えようがなく

50

1　しかしながら　　2　さらに

3　または　　4　それゆえ

51

1　期待しています　　2　期待させています

3　期待してあります　　4　期待されています

問題10　次の(1)から(5)の文章を読んで、後の問いに対する答えとして最もよいものを、1・2・3・4から一つ選びなさい

(1)

最近、都市開発が急速に進んでいるとニュースで報じられているが、これを本当に発展と言っていいのだろうか。

新しいビルの建設や道路の拡張、インフラの整備にしろ、これらはどれも人類の活動によって引き起こされた現象である。しかし、このような現象を「発展」と呼ぶことで、人は無意識のうちにその影響から目をそらしているのではないか。むしろ、それらの「発展」の結果としてもたらされた居住空間の過密化(かみつか)(注)や伝統的な地域コミュニティの崩壊などといった問題も起きている。それらの問題を直視することが重要だと考える。都市の開発が本当に住民にとって良いものであるのかを再評価し、長期的に持続可能な開発を目指すことが、未来の都市をより良いものにするのではないだろうか。

(注) 過密化(かみつか)：大都市に人口や都市機能が過剰に集まる現象

52 筆者は、なぜ都市開発を「発展」として考えていないか。

1　成果を評価するのが難しいから

2　環境への悪影響が深刻だから

3　長期的な影響を見過ごしてしまうから

4　都市はたくさんの人が集まるから

(2)

以下は、ある会社の社内文書である。

お客様各位

いつも「グリーンライフ」製品をご愛用いただき、誠にありがとうございます。

この度、皆様のご愛顧に感謝の意を込めて、特別なキャンペーンを実施することとなりました。通常、家庭用洗剤をお買い上げいただく際に、会員の方には定価の５%引きでご提供しておりますが、この９月と10月に限り、さらにお得な特別割引価格でお届けいたします。期間中、全ての洗剤製品を10%引きでお求めいただけます。会員限定でございますので、まだご登録いただいていない方はぜひこの機会に登録してみてはいかがでしょうか。
キャンペーン期間中にご購入いただいたお客様には、さらに抽選で素敵なエコグッズをプレゼントいたします。抽選結果は、キャンペーン終了後、当選者の方にメールでご連絡いたしますので、どうぞお楽しみに。

http://www.greenlifejp.com

今後とも「グリーンライフ」製品をご愛用くださいますよう、何卒よろしくお願い申し上げます。

53 この会社の割引サービスについて正しいものはどれか。

1　10月に洗剤を購入した人は、もれなくエコバックがもらえる。

2　キャンペーン期間中に会員は洗剤が１割引きで買える。

3　会員に登録した人は、追加で10パーセントの割引が適用される。

4　９月と10月に家庭用洗剤を買うと、抽選で10パーセント安くなる。

(3)

感情を抑えろとか、感情に流されるなとか言われることがあるかもしれない。しかし、結局のところ、感情の舵(注1)を握るのは自分自身である。船においても、安全で重要なのはエンジンの出力ではなく、舵の操作なのだ。エンジンの出力を最大にして突き進むことよりも、目的地に向かって正確に舵を取りながら進むことで、危険な状況を避けて進み続けることができる。感情だけで進めるなという言葉は、舵を操作できていない場合に必要なのである。われわれは感情の舵を上手く取ることで、自分たちの人生の航路(注2)を安全に進めることができるのである。

（注１）舵（かじ）：船の後ろにつけて、船の方向を定める船具
（注２）航路（こうろ）：船や航空機の通るみちすじ

54 筆者は、感情をどうとらえているか。

1　感情を取り除く方が舵を操作しやすい。
2　出力を抑えた方が安全性が向上する。
3　舵の方向は感情で決めてはならない。
4　コントロールが出来れば目的を達成できる。

(4)

人にとって大切な教訓は、必ずしも壮大(そうだい)(注)な経験から得られるものではありません。日常の中で交わされる、たった一言が心に深く響くこともあるのです。そして、私たちは書物だけでなく、日々の何気ない出来事からも同じように、その瞬間ごとに異なる深さで学び取ることができます。大切なのは、その瞬間瞬間に心を開き、学ぼうとする姿勢です。学ぶ意志さえあれば、どんな状況からも価値ある教訓を得ることができるのだと、私は改めて感じます。人生は一つの大きな教科書であり、私たちはそのページを日々めくりながら、成長していくのです。

(注) 壮大(そうだい)な：非常に大きな、とても立派な

55 人にとって大切な教訓は、必ずしも壮大(そうだい)な経験から得られるものではありませんとあるが、なぜか。

1 短い瞬間から感じたことのほうが、長い間記憶に残るものだから
2 強い経験は一時的な学びのみを与えてくれることが多いから
3 受け入れ方によって些細な出来事にも価値があるか決まるから
4 どのような教訓を感じるかは、人によってそれぞれ違うから

(5)

いつも考えることなのだが、ただ音を並べただけでは音楽にはならない。音の背後に隠された感情や物語をとらえ、それを音符にして初めて音楽が生まれるのだ。音楽とは、耳に聞こえる音を心の中で咀嚼(そしゃく)(注1)し、それを再び音として表現する作業から生まれる。そうすることで、初めて自分だけの音楽の世界が広がるのだと思う。演奏する時もそうだ。楽譜に書かれた音符を正確に演奏するだけでは、本当の意味で音楽を伝えることはできない。音楽には、その背後にある感情や物語、演奏者の心の動きが反映されるべきなのだ。そんな人間の深いところに触れたとき、本当の感動が宿(やど)る(注2)。

（注1）咀嚼(そしゃく)する：細かくなるまでよくかむこと。比喩的に、物事や文章の意味を考えつつ味わうこと

（注2）宿(やど)る：住みかとする。また、仮にある場所にとどまる

56 筆者が考える音楽とはどのようなものか。

1　世界の様子を違った角度で映し出すもの

2　自分だけの世界にとどまっていること

3　聞こえた音を忠実に再現するもの

4　音の背景を解釈し演奏で表すもの

問題11　次の(1)から(2)の文章を読んで、後の問いに対する答えとして最もよいものを、1・2・3・4から一つ選びなさい。

(1)

日本の伝統文化の奥深さには、いくつかの側面がある。第一に、その芸術や工芸品の技術の高さである。そして、日常生活に息づく精神性や美意識の細やかさを挙げられる。

伝統文化は目に見える形だけでなく、その背後にある考え方や価値観にも深く根付いている。例えば、季節の変わりや自然の美しさを感じ取り、それを日々の生活に取り入れる感性（かんせい）(注1)。これはただの風景として眺めるだけでなく、その中にある繊細（せんさい）(注2)な美を見つけ出し、楽しむことができる心の在り方だ。また、物事に対する丁寧な扱いや、細やかな気配りが、日々の生活の中で大切にされている。これは他者への尊敬や感謝の気持ちを表現するものであり、単なる行動を超えた深い精神性が含まれている。

さらに、生活の中で使われる道具や空間の配置にも、美意識が反映されている。使い勝手だけでなく、その形や色、配置など、些細なところまで気を配り、全体の調和を大切にする姿勢。これらは、物を大切にする心や、生活を豊かにするための工夫の一環として、日常の中に自然と溶け込んでいる。

このような美意識や精神性は、世代を超えて受け継がれ、現代に生きる人々の生活にも深く根付いている。そして、その意識の高さがいまだに健在である①ことは、言うまでもない。

こうした精神性や美意識を維持するためには、それを理解し、実践する姿勢が求められる。表面的な模倣（もほう）(注3)ではなく、その背後にある価値観を正しく理解し、日々の生活の中で生かしていくことが必要だ。単に伝統を守る側の責任も重いが、それを受け入れ、発展させる側にも「本質を見抜く目」②が求められるのだ。そのためには、次世代にこの価値観を伝えていく努力が不可欠である。伝統文化をただの過去の遺物としてではなく、現代の生活に生かすべき大切な知恵として受け入れることが、豊かな未来を築く鍵となるだろう。

（注1）感性（かんせい）：感じ方

（注2）繊細（せんさい）：ほそく小さいこと

（注3）模倣（もほう）：まねすること

57 伝統文化と生活の関係について、筆者はどのように述べているか。

1 細かいつながりが重要視されている。

2 世代を超えるごとに進化している。

3 表現を自然とできるようになっている。

4 質を上げるために努力されている。

58 筆者は、伝統文化の精神性をどのようにとらえているか。

1 新しいものを使わず既存のものに執着する姿勢である。

2 目に見えないものにまでこだわる姿勢である。

3 相手の気持ちを正確に把握することである。

4 日用生活で実用的なもののみに焦点を当てることである。

59 ①その意識の高さがいまだに健在であるとは、どういう意味か。

1 伝統文化の発展のためには、背後にある価値観を重視すべきだということを指している。

2 現代の人よりも、昔のほうが美意識を高く保っていたことを指している。

3 現代のほうが伝統意識をより多様な方法で受け継いでいることを示している。

4 現代においても、伝統的な価値観がいかに重要であるかを示している。

60 筆者によると、②「本質を見抜く目」とは、どのようなことか。

1 単純に伝統文化の精神を守るだけでなく、日々の生活に溶けこむようにすること

2 過去に作られたものは過去の価値観を通じて分析すること

3 なぜその文化が大切なのか、どのような背景や歴史があるのかを理解すること

4 本来の価値が失われないように、より多くの人に知らせようとする努力

(2)

私は基本的に社交的な性格ですが、昔は孤独感(注1)に悩まされることがよくありました。特に学生時代や新しい職場に入った頃など、周囲との関係をうまく築けず孤独を感じることが多かったのです。しかしそのような経験から、次第に「他者とのつながりを重視する」ことの大切さに気づきました。

例えば、友人に連絡をするとき返事が遅れてきたとしても、悲しい気持ちになるのではなく、「忙しい中でも連絡をくれた」とその関係の価値を見つけてポジティブに捉えるようにするのです。また、短い会話でもその中に気遣い(注2)を感じ取ることで、次の出会いが楽しみになるのです。

人間関係についても、「すべての人と完全な関係を築くのは難しい。時には摩擦があっても当然」と理解するようになりました。そのため、多少の誤解や意見の違いは当然のこととして受け入れることができ、良いことがあったときには「こんなに素晴らしい人といられるなんて」と喜びも増します。そして自分の心を開くことを恐れずにしてみるのです。自分の悩みや喜びを共有することで、共感が生まれ、絆(注3)が強まるのです。その段階に達するまでには特に勇気が必要ですが、その分、得られるものも大きいと感じます。

私たちは他者との交流を通じて成長し、支え合いながら生きています。どうせ生きていく上で、他者との交流を避けられないのならば、その時間がストレスになってはいけないです。だからこそ、小さな喜びや感謝の気持ちを大切にし、日々の人間関係を育むことが大切だと言っているのです。充実した人間関係を築くには理想の友人を探すことも大切ですが、小さなことでも楽しむ姿勢を持つことが意外と重要だったりするものです。

(注1) 孤独感(こどくかん)：自分はひとりぼっちだという寂しい感覚

(注2) 気遣い(きづかい)：あれこれと気をつかうこと

(注3) 絆(きずな)：人と人との離れがたい結びつき

61 筆者によると、人間関係が充実している人の特徴は何か。

1 平凡な関係でも十分に楽しんでいる。

2 自分と気の合う人と出会おうとしている。

3 交流の場にすすんで参加しようとする。

4 相手の考えを見抜くことに長けている。

62 筆者によると、人とのもめごとをどのようにとらえているか。

1 必要以上に気にすることではない。

2 初めは誰もが受け入れられない。

3 経験を積めば喜びを感じるようになる。

4 できるだけ生じないように気を配るといい。

63 その段階とは何か。

1 素晴らしい人に出会うこと

2 相手の気持ちを最後まで聞くこと

3 自分を先にさらけ出すこと

4 悩みを解決すること

64 この文章で筆者が言いたいことは何か。

1 誠意をもって人を助ければ自分のためにもなる。

2 楽しみながら人と接すれば、いい関係を築ける。

3 素晴らしい人は意外と近くにいたりする。

4 どんなに悪い経験にも必ず価値がある。

問題12　次のAとBの文章を読んで、後の問いに対する答えとして最もよいものを、1・2・3・4から一つ選びなさい。

A

近年、再生可能エネルギーの導入が急速に進んでいる。特に太陽光発電や風力発電は注目を集めておるが、再生可能エネルギーは天候に左右されやすく、安定した供給が難しいという課題がある。また、現時点ではコストも高く、大規模なインフラ整備が必要とされるため、多くの国ではまだ広く普及していない。

しかし、技術の進歩によりこれらの課題が克服される日も遠くない。特に蓄電(ちくでん)(注)技術の向上が期待されており、大規模なエネルギー貯蔵システムが実現すれば、再生可能エネルギーの供給が安定し、より多くの地域で利用可能になるだろう。数十年後には、再生可能エネルギーが主流となり、クリーンなエネルギーを誰もが手軽に利用できる時代が訪れるかもしれない。

B

今やエネルギー問題は私たちの生活に深く関わる重要な課題となっている。その取り組みの一つとして、家庭用の太陽光発電システムや蓄電池(ちくでんち)の導入が進み、個人でも再生可能エネルギーを利用することが増えてきた。自治体によっては、これらの新しいシステムを導入する個人や企業に給付金をあげているところもあるとのことだ。また、スマートグリッドといって、電力を効率的に管理・配分するシステムも普及し始めている。

このような動きが続けば、エネルギーの無駄を減らし、より持続可能な社会が実現するだろう。十年後、二十年後には、再生可能エネルギーが家庭の標準となり、環境に優しいライフスタイルが当たり前になるかもしれない。

(注) 蓄電(ちくでん)：電気をためること

65 AとBのどちらの文章にも触れられている点は何か。

1 これから開発される発電システム

2 再生可能エネルギーの課題点

3 各国のエネルギー問題の現状と解決策

4 新しいエネルギー源の環境への影響

66 AとBの筆者は、エネルギー問題の今後についてどのように考えているか。

1 AもBも、再生可能エネルギーの利用が増え、多くの人が利用するようになるかもしれないと考えている。

2 AもBも、エネルギーの無駄遣いを減らすためには、クリーンなエネルギーの開発に国が取り組むべきだと考えている。

3 Aは現在再生可能エネルギーには少し問題があると考え、Bは再生可能エネルギーを利用するシステムが十分備わっていると考えている。

4 Aは再生可能エネルギーの開発に関心を持つことを呼びかけ、Bは再生可能エネルギーを主に活用する未来について述べている。

問題13　次の文章を読んで、後の問いに対する答えとして最もよいものを、１・２・３・４から一つ選びなさい。

時代は確かにデジタルへとシフトしている。デジタルネイティブ世代、つまり生まれた時からインターネットやスマートフォンに囲まれて育った若者たちは、デジタル技術の恩恵（おんけい）(注1)を受けつつ成長している。しかし、近年、この世代の間でアナログへの関心が再燃（さいねん）(注2)している現象が見られる。これはなぜだろうか。

私自身も、デジタル技術の恩恵（おんけい）を十分に受けていることはつくづく感じている。しかし、同時にこれによる疲れや情報過多によるストレスも増加している。気がつけば、私たちは一日中スクリーンに囲まれている。朝起きてスマホを手に取り、ＳＮＳをチェックし、通学や通勤の途中でも音楽やポッドキャストを聴く。授業や仕事中はパソコンに向かい、夜になればストリーミングサービスで映画やドラマを見る。情報は瞬時に手に入るが、その代わりに心のどこかが疲れ果てているのではないか。この背景には、絶え間なく、速いテンポの生活が心の余裕を奪っている現実があるのだ。

アナログへの回帰（かいき）(注3)は、こうしたデジタル疲れへの反動と言えるだろう。例えば、レコードやカセットテープが再び人気を集めている。スマートフォンや音楽プレーヤーが主流の時代に、わざわざレコードを使って音楽を聴くという行為には、それだけの時間と手間をかける価値があるということだ。レコードジャケットのデザインや手触り、針を落とす瞬間など、アナログならではの魅力がそこには存在する。

このようなアナログ体験は、デジタルネイティブ世代にとって新鮮であり、心の豊かさを再発見する手段となっているのだ。デジタル技術が便利であることは確かだが、それだけでは満たされない人間らしい感覚や感情を求める動きが、この現象の底にあるといえる。

しかし、これは必ずしも対立するものだと考えるのではない。デジタルネイティブ世代のアナログ体験への関心は、そのバランスを見つけ出し、心地よいライフスタイルを追求する一つの方法なのかもしれない。デジタルの世界に浸りながらも、アナログのぬくもり(注4)を忘れずに生きていきたいと強く思う。

（注１）恩恵（おんけい）：他者などからもたらされるめぐみ、利益

（注２）再燃（さいねん）：一度火の消えた状態から、また燃え出すこと

（注３）回帰（かいき）：ある事が行われて、また元と同じような状態にもどること

（注４）ぬくもり：あたたかみ、ぬくみ

67 筆者は、現代でのアナログへの関心にについて、どう考えているか。

1　デジタル技術に制限が生じたときも問題なく使える。

2　デジタルにはない独特の価値が人気を集めている。

3　仕事などで疲れたときに利用する人が増えてきている。

4　時間を費やす余裕がある人が楽しんでいる。

68 デジタル技術について、筆者はどのように考えているか。

1　最近になって発達が停滞し始めている。

2　先端技術に頼りすぎている現状がある。

3　生活がより便利になっていることは事実である。

4　現代人のストレスの一番の原因となっている。

69 対立するものだと考えるのではないと筆者が言っているのはなぜか。

1　デジタルとアナログのどちらが良いのかは、人によって答えが違うから

2　デジタル技術に頼りすぎると、アナログの良さを見逃してしまうから

3　アナログの感性を存分に理解するには、心のバランスが大切だから

4　デジタルとアナログのどちらにも価値があり、互いに補完し合うものだから

問題14　右のページは、A塾とB塾のコミュニケーション講座の案内である。下の問いに対する答えとして最もよいものを、1・2・3・4から一つ選びなさい。

70　ワンさんは、3か月後に新しい職場で働くことになった。彼は今のうちにA塾に通い、コミュニケーションスキルを向上させたいと考えている。特に職場で活用できるスキルを強化したいのだが、普段忙しく、入社までにできるだけ多くのことを学びたい。予算は抑えられた方がいいが、特に制限はない。ワンさんはどうしたらいいか。

1　プランAとプランBを受講する。

2　プランCとプランDを受講する。

3　プランBとプランDを受講する。

4　プランAとプランCを受講する。

71　高校生の田中さんは、人前で話すのが苦手で、大学に入る前にコミュニケーションスキルを向上させたいと思っている。まずは基本から学びたく、個別にフィードバックをもらえる講座がいい。田中さんはA、B両塾のどのプランを検討したらいいか。

1　A塾のプランAとB塾のプランⅢ

2　A塾のプランCとB塾のプランⅣ

3　A塾のプランAとB塾のプランⅡ

4　A塾のプランDとB塾のプランⅡ

A塾　コミュニケーション講座 プラン比較

	プランA	プランB
こんな方に	コミュニケーションスキルを基礎から学びたい方 グループでのディスカッションを重視する方	忙しい方 自分のペースで学びたい方
内容	基礎コミュニケーションスキルの習得 グループディスカッションとフィードバック	オンラインでの自己学習教材 月に1度の個別コーチングセッション
時間	週２回、各90分（全12回）	自宅学習＋月１回のコーチング（全６ヶ月）
料金	40,000円	30,000円
	プランC	プランD
こんな方に	特定のスキルを集中的に強化したい方 短期間で成果を出したい方	プレゼンテーションスキルを向上させたい方 実践的なトレーニングを求める方
内容	集中ワークショップ ロールプレイングと即時フィードバック	プレゼンテーションの技術習得 ビデオ録画による自己評価と改善
時間	週１回、各３時間（全４回）	週１回、各２時間（全８回）
料金	25,000円	35,000円

・料金には、教材費と受講料を含みます。
・プランAは、グループディスカッションが多いため、他の受講生との交流も多く行われます。
・プランDのみ、他のプランに追加しての受講が可能です。
・すべてのプランで初回無料カウンセリングを実施しています。

B塾　コミュニケーション講座 プラン比較

お客様の目的や状況に合わせて、最適なプランをお選びします。（以下はすべて、オンラインで受講可能なプランです。）

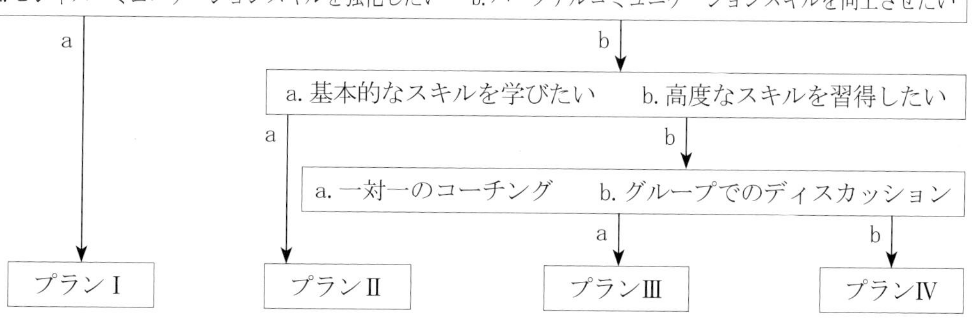

・以上の診断結果だけではなく、各プランの詳しい内容をご確認のうえ、お申し込みください。
・プランⅢおよびⅣのお申し込みをいただいた方には、無料の「コミュニケーションスキル診断」を実施いたします。
・各プランの詳細や料金については、当社のウェブサイトまたはお電話でご確認いただけます。

問題用紙

N2

聴解

(50分)

注　　意

Notes

1. 試験が始まるまで、この問題用紙を開けないでください。
   Do not open this question booklet until the test begins.

2. この問題用紙を持って帰ることはできません。
   Do not take this question booklet with you after the test.

3. 受験番号と名前を下の欄（らん）に、受験票と同じようにに書いてください。
   Write your examinee registration number and name clearly in each box below as written on your test voucher.

4. この問題用紙は、全部で13ページあります。
   This question booklet has 13 pages.

5. この問題用紙にメモをとってもかまいません。
   You may make notes in this question booklet.

受験番号　Examinee Registration Number	

名　前　Name	

問題 1

問題１では、まず質問を聞いてください。それから話を聞いて、問題用紙の１から４の中から、最も良いものを一つ選んでください。

例

1 学生証の更新をする

2 図書館のウェブサイトにアクセスする

3 受付カウンターに行く

4 図書館にメールを送る

1番

1　発表をする

2　先生にテーマを見せる

3　発表の順番を決める

4　テーマをメールで提出する

2番

1　資料の印刷をする

2　近藤さんに確認しに行く

3　会議で変更する

4　予約したところに連絡する

3番

1　300円

2　1,300円

3　1,800円

4　2,100円

4番

1　研究室に行く

2　林さんとポスターを貼りに行く

3　事務室にポスターを確認しに行く

4　ポスターを印刷しに行く

5番

1　インクを注文する

2　計画書を書く

3　紙を注文する

4　倉庫に行く

問題２

問題２では、まず質問を聞いてください。そのあと、問題用紙のせんたくしを読んでください。読む時間があります。それから話を聞いて、問題用紙の１から４の中から、最もよいものを一つ選んでください。

例

1　自分が着る服を選んでほしいから

2　旅行に行くことになったから

3　もうすぐ夏だから

4　今ちょうど安く売っているから

1番

1 何回も先生に注意されたから

2 友達が授業中に話しかけてきたから

3 先生が不公平だと思ったから

4 本当はおしゃべりをしていないから

2番

1 休憩室のごみを捨ててもらうため

2 これから初めて仕事をするから

3 分からないことを聞くため

4 代わりにしてほしいことがあるから

3番

1　本題の内容の短さ

2　話すスピード

3　グラフの説明不足

4　全体的な内容の繋がり

4番

1　携帯電話なしの生活をしたいから

2　今の携帯電話がまだ使えるから

3　時間に余裕がないから

4　友達が貸してくれたから

5番

1　お金がないから

2　友達に借りられそうだから

3　海で釣りをしないから

4　暑くて釣りができないから

6番

1　いつ引っ越しするか分からないから

2　冷房効果が信用できないから

3　自分で設置できないから

4　費用が負担になるから

問題3

問題３では、問題用紙に何もいんさつされていません。この問題は、全体としてどんな内容かを聞く問題です。話の前に質問はありません。まず話を聞いてください。それから、質問とせんたくしを聞いて、１から４の中から、最もよいものを一つ選んでください。

－ メモ －

問題４

問題４では、問題用紙に何もいんさつされていません。まず文を聞いてください。それから、それに対する返事を聞いて、１から３の中から、最もよいものを一つ選んでください。

－ メモ －

問題 5

問題５では、長めの話を聞きます。この問題には練習はありません。

問問題用紙にメモをとってもかまいません。

1番、2番

問題用紙に何もいんさつされていません。まず話を聞いてください。それから、質問とせんたくしを聞いて、１から４の中から、最もよいものを一つ選んでください。

－ メモ －

3番

まず話を聞いてください。それから、二つの質問を聞いて、それぞれ問題用紙の１から４の中から、最もよいものを一つ選んでください。

質問１

1　冷やしそうめん

2　鶏肉の南蛮漬け

3　冷やし茶碗蒸し

4　ピリ辛たたききゅうり

質問２

1　冷やしそうめん

2　鶏肉の南蛮漬け

3　冷やし茶碗蒸し

4　ピリ辛たたききゅうり

정답 178쪽

준비 다 되셨나요?

1. HB연필 또는 샤프, 지우개를 준비하셨나요?

2. 답안용지는 본책 211쪽에 수록되어 있습니다. 두 장을 잘라 각 영역에 맞게 답을 기입하세요.

3. 청해 영역을 풀 때는 QR코드를 스캔해서 듣기 파일을 준비해 주세요.
(청해 파일은 맛있는북스 홈페이지(www.booksJRC.com)에서도 무료로 다운로드 할 수 있습니다.)

N2

言語知識（文字・語彙・文法）・読解

（105分）

注　意

Notes

1. 試験が始まるまで、この問題用紙を開けないでください。
   Do not open this question booklet until the test begins.

2. この問題用紙を持って帰ることはできません。
   Do not take this question booklet with you after the test.

3. 受験番号と名前を下の欄（らん）に、受験票と同じように書いてください。
   Write your examinee registration number and name clearly in each box below as written on your test voucher.

4. この問題用紙は、全部で29ページあります。
   This question booklet has 29 pages.

5. 問題には解答番号の 1、2、3 … が付いています。
   解答は、解答用紙にある同じ番号のところにマークしてください。
   One of the row numbers 1, 2, 3 … is given for each question. Mark your answer in the same row of the answer sheet.

受験番号　Examinee Registration Number	
名　前　Name	

問題１　＿＿＿の言葉の読み方として最もよいものを、１・２・３・４から一つ選びなさい。

1　私の家から駅まで往復で１時間かかる。

1　おふく　　2　おほく　　3　おうふく　　4　おうほく

2　ここから先は点検のため通行止めになっている。

1　てんけん　　2　てんげん　　3　ぜんげん　　4　てんこう

3　あの選手たちが今シーズンの優勝を争っている。

1　あらそって　　2　きそって　　3　せって　　4　そって

4　その書類は取引先に至急送ってください。

1　しきゅ　　2　しきゅう　　3　そきゅ　　4　そうきゅう

5　取引先とのミーティングで高校の同級生に偶然出会った。

1　きせき　　2　ぜんぜん　　3　たまたま　　4　ぐうぜん

問題２　＿＿＿の言葉を漢字で書くとき、最もよいものを１・２・３・４から一つ選びなさい。

6　彼はいつも以上にしんけんな表情で話を聞いていた。

1　信剣　　2　信険　　3　真剣　　4　真険

7　詳しいあつかい方はこちらの説明書を確認してください。

1　扱い　　2　待い　　3　吸い　　4　持い

8　最近、アパートのやちんが上がって困っている。

1　家貨　　2　家賃　　3　家貸　　4　家費

9　あつかましいお願いをしてしまい、本当に申し訳ございません。

1　暑かましい　　2　熱かましい　　3　厚かましい　　4　圧かましい

10　今回の出張ではビジネスホテルにとまる予定だ。

1　止まる　　2　泊まる　　3　留まる　　4　停まる

問題3 （　　　）に入れるのに最もよいものを、１・２・３・４から一つ選びなさい。

11 最後の試合で逆転されて、（　　　）優勝に終わってしまった。

1 準　　2 順　　3 純　　4 副

12 その小説家の代表（　　　）は日本人なら誰もが知っているだろう。

1 集　　2 品　　3 物　　4 作

13 最近のパソコンは、（　　　）性能なのに安いものも増えてきている。

1 上　　2 高　　3 優　　4 大

問題４　（　　　）に入れるのに最もよいものを、１・２・３・４から一つ選びなさい。

14　この料理は作るのに意外と（　　　）がかかる。

1　手数　　2　手続き　　3　手間　　4　手探り

15　子供が（　　　）飛び出してきたので、急ブレーキをかけた。

1　おそらく　　2　いきなり　　3　だんだん　　4　ぜひとも

16　その街は観光地としてのイメージ（　　　）に成功した。

1　アップ　　2　キャリア　　3　ヘッド　　4　リセット

17　昨日夜ふかししたせいか、眠くて何度も（　　　）をしてしまう。

1　あくび　　2　しゃっくり　　3　せき　　4　ねむけ

18　（　　　）明日から待ちに待った修学旅行だ。

1　いちいち　　2　いらいら　　3　いやいや　　4　いよいよ

19　この本には（　　　）がなくて、どんな構成なのか事前に知ることができない。

1　目安　　2　目印　　3　目当て　　4　目次

20　退院したばかりなので、今日はまだ自宅で（　　　）にしてください。

1　安静　　2　安定　　3　安全　　4　安心

問題５　＿＿＿の言葉に意味が最も近いものを、１・２・３・４から一つ選びなさい。

21 人間の話す言葉をほぼ理解できるなんて、とても<u>かしこい</u>犬だ。

1　価値が高い　2　貴重な　3　頭がいい　4　すばやい

22 最近は昔のものがまた<u>ブーム</u>になっているようだ。

1　爆発　2　流行　3　要請　4　議題

23 ずっと見つからなかったメガネが<u>思いがけない</u>ところにあった。

1　予想していた　2　意外な　3　不思議な　4　かなり変な

24 満点を狙っていたのに、<u>わずかに</u>足りず悔しかった。

1　少し　2　全く　3　かなり　4　多分

25 食べたかったケーキが売り切れになっていて、<u>がっかり</u>した。

1　心配　2　号泣　3　怒り　4　失望

問題６　次の言葉の使い方として最もよいものを、１・２・３・４から一つ選びなさい。

26 分野

1 彼は分野を問わずいろいろなことを知っている。

2 パソコンが壊れたので本体を分野して故障の原因を探った。

3 失敗した原因についてもきちんと分野することが大切だ。

4 このアプリはデータの分野だけでなく、数字のチェックも可能だ。

27 あやうい

1 優勝を目指してあやうい練習に励んでいる。

2 あやういところで死なずに済んだ。

3 毎朝４時に起きるなんて、本当にあやういですね。

4 私の説明の中で、理解するのにあやうい部分があれば言ってください。

28 費やす

1 毎日メールを処理するのに、時間の大半を費やす。

2 もっと漢字の勉強を費やした方がいい。

3 今まで一番費やした旅行は、冬に北海道に行った旅行だ。

4 願いが費やして、第一志望の学校に入学することができた。

29 たとえ

1 たとえバナナやパイナップルのような果物を食べるといい。

2 たとえ日本に行くなら、春に行くことをおすすめしたい。

3 たとえ雨が降ったら、運動会は中止になる予定だ。

4 たとえ時間がなくても、あいさつはしっかりしたいと思っている。

30 単なる

1 この入試制度は自分が得意な単なる科目だけを受ければいい。

2 彼は幼い頃から本当に単なる性格をしている。

3 これは社会問題についても論じているため、単なる小説とはいえない。

4 毎日の単なる暮らしにはうんざりだ。

問題7　次の文の（　　　）に入れるのに最もよいものを、1・2・3・4から一つ選びなさい。

31 面接に合格してうれしい（　　　）、涙が出てきた。

1　あまり　　2　どころか　　3　ところに　　4　ものの

32 スティーブンさんは日本に来てもう5年も経つのに、まだひらがな（　　　）書けない。

1　ぬきで　　2　すら　　3　まで　　4　こそ

33 最近、歳をとった（　　　）物忘れがひどくなったようだ。

1　限り　　2　きり　　3　せいか　　4　はずか

34 長時間の議論の（　　　）、そのプロジェクトは延期になった。

1　きっかけに　　2　末に　　3　最中に　　4　際に

35 新しい公園の建設を（　　　）住民たちの間で賛否が分かれている。

1　くわえて　　2　つけて　　3　もとづいて　　4　めぐって

36 紅葉が散らない（　　　）山登りに出かけたい。

1　うちに　　2　ことに　　3　しだいに　　4　ものに

37 A「転職先の仕事はどう？うまくやってる？」

B「うん、適性にも合ってるんだけど、忙しくて時間もない（　　　）。」

1　くらいだよ　　2　だけだよ　　3　わけだよ　　4　ことだよ

38 大きなダイヤモンドの指輪を彼女にプレゼントしたら、きっと喜ぶ（　　）。

1　どころではない　　2　ところだった

3　にちがいない　　4　わけがない

39 A「わあ、きれいな雪景色だね。」

B「本当に。まるで映画の中の世界の（　　）風景だね。」

1　ような　　2　そうな　　3　みたいな　　4　らしい

40 彼に限って、そんなひどいことを言う（　　）。

1　ものがないじゃない　　2　はずがないじゃない

3　ものがなくはない　　4　はずがなくはない

41 たくさん宣伝をしているのに、お客さんは（　　）。

1　減る一方だ　　2　減らないことはない

3　減らずにすむのだ　　4　減らないではいられない

42 A「部長、ABC商事の高松様が（　　）。」

B「わかった。応接室に案内してくれるかな？」

1　お目にかかりました　　2　お邪魔（じゃま）いたしました

3　お伺いになりました　　4　お越しになりました

問題8　次の文の＿★＿に入る最もよいものを、１・２・３・４から一つ選びなさい。

（問題例）

あそこで ＿＿＿ ＿＿＿ ＿★＿ ＿＿＿ は私の姉です。

1　手　　2　振っている　　3　を　　4　人

（解答のしかた）

1．正しい文はこうです。

あそこで ＿＿＿ ＿＿＿ ＿★＿ ＿＿＿ は私の姉です。 1　手　3　を　2　振っている　4　人

2．＿★＿に入る番号を解答用紙にマークします。

（解答用紙）

（例）	① ● ③ ④

43　アメリカを ＿＿＿ ＿＿＿ ＿★＿ ＿＿＿ 集まって会談を行った。

1　首脳たちが　　2　はじめ　　3　先進国の　　4　とする

44　試合で勝つためには ＿＿＿ ＿＿＿ ＿★＿ ＿＿＿ 。

1　練習する　　2　日頃から　　3　ない　　4　しか

45　秋と ＿＿＿ ＿★＿ ＿＿＿ ＿＿＿ だろう。

1　焼きいもに　　2　限る　　3　やっぱり　　4　いえば

46 スマホ ＿＿＿ ＿＿＿ ＿★＿ ＿＿＿ 大丈夫だ。

1　さえ　　2　財布も鍵(かぎ)も　　3　持たなくても　　4　あれば

47 運動をしていれば ＿＿＿ ＿★＿ ＿＿＿ ＿＿＿ ない。

1　になる　　2　では　　3　健康　　4　わけ

問題９　次の文章を読んで、文章全体の内容を考えて、 48 から 51 の中に入る最もよいものを、１・２・３・４から一つ選びなさい。

以下はある記事である。

カラオケの魅力

カラオケは、日本で生まれた娯楽の一つで、今や世界中で愛されているといってもいいでしょう。カラオケボックスという個室で、自分の好きな曲を選んで歌えることから、友人や家族、同僚と楽しい時間を過ごす場として 48 。特に日本では、若者から年配の方まで、幅広い世代にわたって人気があり、日常のストレスを発散したり、趣味として楽しんだりする人が多いです。音楽が好きな人 49 は、歌を披露することができる自己表現の場であり、また、歌が苦手な人でも気軽に参加できるのがカラオケの大きな魅力です。

それだけではなく、カラオケはコミュニケーションの一環としても重要な役割を果たしています。 50 、会社の飲み会や友人との集まりの後にカラオケに行くことはよくあり、その場で普段は話せないようなことを共有したり、他のメンバーとの距離を縮めるための手段として活用されます。歌を通じて共感し合ったり、楽しい時間を共有することで、自然と親近感が生まれます。また、近年ではオンラインカラオケも 51 、遠く離れた人々と一緒に歌を楽しむことができるようになりました。カラオケの楽しみ方がさらに多様化しているということですね。

48

1 親しまれています　　2 親しませています
3 親しまれてあります　　4 親しませてあります

49

1 によって　　2 に対して　　3 に応じて　　4 にとって

50

1 そこで　　2 たとえば　　3 あるいは　　4 それから

51

1 狭まっておき　　2 狭まっており
3 広がっておき　　4 広がっており

問題10　次の(1)から(5)の文章を読んで、後の問いに対する答えとして最もよいものを、１・２・３・４から一つ選びなさい

(1)

人は自由を望む一方で、社会のルールや他者との関係に縛(しば)られて生きている。ある人は、自由とは選択肢が無限にある状態ではなく、自らの行動に責任を持つことだと言う。つまり、周りの環境に影響を与えずに生きることは不可能であり、その中で自分自身の選択をどう正当化するかが、本当の自由なのかもしれない。例えば、時間や経済的な制約の中でも、自分が何を優先するか、どう行動するかを決める自由がある。これらの選択が、人生の質を左右する要素となる。したがって、自由とは単に外部の制約を取り除くことではなく、自分が選んだ道に納得し、その結果に責任を持つことであると言えるのではないだろうか。

52 筆者は、自由に関してどのようにとらえているか。

1　自らの選択が及ぼす影響を最大限に生かすことを意識するべきだ。

2　絶対的な自由が存在しないという事実を受け入れなければならない。

3　制約をどのように受け入れ、その中でどう選択をするかが重要である。

4　選択の結果がどうであれ、他者にどう正当化するかを考えるべきだ。

(2)

技術の発展により、私たちの生活は以前にも増して便利になっている。その一方で、スマートフォンや家電製品などの電子機器の寿命は短くなっており、多くの人々が頻繁に新しい製品を購入する傾向にある。この「使い捨て文化」については、考え直さなければならない。製品が短期間で廃棄(はいき)(注1)され、適切に処理されない場合、環境汚染の原因となり、さらにはこうした製品を製造するための資源の枯渇(こかつ)(注2)も懸念される。そこで、長期間にわたって使用できる製品を選び、必要以上に物を買わないことで環境への負担を軽減する消費の在り方を探すべきである。

(注1) 廃棄(はいき):不要になったものを捨てること
(注2) 枯渇(こかつ):使いきり、なくなること

53 筆者は、なぜ「使い捨て文化」について考え直すべきだと言っているか。

1 新しい技術を取り入れることを防ぐことはできないから
2 人々がよく使用している製品のほとんどが長持ちしないから
3 廃棄品を適切に処理しても環境に深刻な影響を与えてしまうから
4 電子機器を作るのに必要な資源がなくなってしまうかもしれないから

(3)

毎朝、私は自宅近くの公園でウォーキングをしている。最初は健康維持のために始めたのだが、いつしかそれが私のストレス解消法になっていた。特に仕事で忙しい日々が続くと、体だけでなく心も疲れてしまう。しかし、早朝の新鮮な空気を吸いながら走ると、不思議と頭がすっきりし、日々の悩みが小さく感じられるのだ。一方で、友人からは「運動なんて面倒だし、ストレスがたまる」という声も聞く。確かに、無理にやりたくないことを続けるのは逆効果かもしれない。人それぞれ、ストレス解消法は違うものだ。大切なのは、自分に合った方法を見つけることだと私は思う。

54 筆者は、ストレス解消についてどのように考えているか。

1 達成感を感じることができる方法が望ましい。

2 他人の方法をまねするよりも自分なりの方法を探したほうがいい。

3 少しやりたくないときでも続けると効果が出てくる。

4 自分なりの方法を探したとしてもあまり意味がない。

(4)

以下は、あるサイトが出した文書である。

> いつも当社サービスをご利用いただき、誠にありがとうございます。
>
> この度、10月の定期メンテナンス実施に関し、ご案内申し上げます。今回のメンテナンスに関しましては、オンライン決済および自動引き落としサービスを含む取引システムすべてが一時的に中止となります。
>
> **【メンテナンス予定日時】2024年10月15日（日）午前２時～午後２時（予定）**
>
> また、メンテナンス終了後は、通常通りサービスをご利用いただけますが、最初のアクセス時に一部の設定が初期化される可能性がございます。再設定が必要な場合は、ガイドページにて手順をご確認ください。特に、自動決済設定をされているお客様につきましては、10月14日までにお取引を完了いただくか、ご決済の予定をご調整いただくことを強くお勧めいたします。
>
> お手数をおかけいたしますが、何卒ご理解とご協力を賜りますようお願い申し上げます。今後とも変わらぬご愛顧をいただきますよう、よろしくお願い申し上げます。
>
> 株式会社サポートネット：http://www.supportnet.co.jp
>
> カスタマーサポート：0120-123-456　月～金曜日 午前９時～午後５時
>
> 特別受付時間：10月15日（日）午前２時～午後２時

55 この文書を作成した理由は何か。

1 取引の予定を変更してほしいから

2 インターネットが使えなくなるから

3 メンテナンスの日程を確認してほしいから

4 完了していない決済がいくつかあるから

(5)

自己成長を求める時、多くの人は新しいスキルや知識を身につけることに集中する。しかし、そこばかりに気を使っていると、落とし穴(注)に落ちやすい。たとえば、人前で話すのが苦手な人は、その課題に向き合わずに避け続けることで、自分の成長を止めてしまうことがある。つまり、苦手な部分に取り組むことで、新たな自信を得て、さらなる挑戦が可能になるということだ。自分の課題を認識し、小さな成功体験を積み重ねていくことで、次第に自信を持ち、自分の限界を広げていくことができる。成長は、ただ新しいことを学ぶだけでなく、自己の内面と向き合う過程でもあるのだ。

(注) 落とし穴：気がつかずに、落ち込むように仕掛けた罠

56 この文章で筆者が一番伝えたいことは何か。

1 時には自分の弱点を理解しようとするべきである。

2 新しいことを学ばなくても成長する方法はいくつもある。

3 克服できないということを受け入れるときも必要である。

4 自分の強みだけを伸ばそうとする人は限界に直面しない。

問題11　次の(1)から(2)の文章を読んで、後の問いに対する答えとして最もよいものを、1・2・3・4から一つ選びなさい。

(1)

最近、ＳＮＳで見かける異文化の紹介に心を奪われることが多い。しかし、その瞬間に私は、自分がどれだけその文化を理解しているのかを考えるべきだと感じる。たとえそれがなじみのある文化であったとしてもだ。例えば、ハロウィンは、日本のお盆(ぼん)(注1)と実に似ている所がある。両方ともに死者を思い出し、供養(くよう)(注2)するための行事であるが、<u>実際の考え方</u>①は大きく異なる。正直なところ、ハロウィンを亡くなった人の魂(たましい)(注3)が戻ってくる行事と認識している人がどれだけいるのだろうか。仮装やパーティーを通じて楽しむことより、その背後にある物語や人々の思いを知ることのほうが大切ではないだろうかと感じる。

私たちの周りには、さまざまな文化が存在し、それに触れることで新しい価値観を得ることができる。しかし、時にはその文化を無批判に受け入れてしまう自分がいることに気づく。そう考えると、文化を受け入れることは、<u>ただの好奇心で流行に乗ることではない</u>②のだ。異文化を理解するためには、まずその文化が抱える歴史や価値観を知ることから始めなければならない。

私自身も、旅を通じて直接文化に触れることで、より深い理解を得られたことがある。ある地方の祭りに参加した際、ただの観光客としてではなく、地域の人々と一緒にその文化を体験することで、地元の人たちの情熱に触れることができた。祭りが単に楽しい場であることは間違いないが、その深い思いを知ると知らないでは、見方が全然違ってくるのだ。つまり文化の多様性を尊重し、お互いへの理解を深めるためには、批判的な視点を持ちつつ、自らの経験を通じて学ぶ姿勢が求められるということである。最終的に、それが異なる文化を持つ人々との共生を実現するための基礎となるのだろう。

(注1) お盆(ぼん)：ご先祖様を家に迎え入れ、もてなす日本の風習
(注2) 供養(くよう)：死者の霊に供え物をして、心を込めて尊敬の気持ちを示すこと
(注3) 魂(たましい)：身体に宿っており、命の根源として考えられているもの

57 筆者は、異文化をどのようにとらえているか。

1 他の文化と比較してみるといい。

2 人気がある文化は歴史も深いことが多い。

3 その文化の本質を探求することが重要である。

4 表面的な楽しさもその文化の特徴の一つである。

58 筆者によると、①実際の考え方はどのようだと言っているか。

1 亡くなった人たちの魂(たましい)がこの世に戻ってくると考えられている。

2 仮装やパーティーを楽しむだけの日だと考えられている。

3 お盆(ぼん)とハロウィンでは、その楽しみ方が大きく異なると考えられている。

4 お盆(ぼん)よりハロウィンの方が大事な行事だと考えられている。

59 ②ただの好奇心で流行に乗ることではないとあるが、その理由は何か。

1 すべての文化を受け入れるには多すぎるから

2 時間が経つと良さが分からなくなってしまうから

3 深い理解と敬意を伴う行為であるべきだから

4 価値がある文化に楽しさを求めてはいけないから

60 この文章で筆者が一番言いたいことは何か。

1 異文化を取り入れすぎると、かえって摩擦が生じることがある。

2 自国の文化をどう理解し、どう広めていくか考える必要がある。

3 異文化について話す前に、必ず自ら体験するべきである。

4 文化の本来の意味が誤解されることは避けるべきだ。

(2)

家族や親しい友人同士では、しばしば「何でも話せる」「何でも知っている」という考えが生まれることがある。しかし、親しさゆえに無意識のうちに相手の境界線を超えてしまうことも多い。例えば、相手のプライベートな選択や生活に過剰に干渉(かんしょう)(注1)したり、彼らが本当は話したくないことに無神経に踏み込んだりすることがある。しかし相手の自主性や感情を尊重せず、無意識のうちに親しさを盾(たて)(注2)にしてしまうと、結果的にその関係を劣化(れっか)(注3)させることにつながる。

例えば、職場においても、親密度を調整することは同様に重要である。上司と部下、同僚との関係において、親しみやすい態度は時にコミュニケーションを円滑にし、雰囲気を改善することもある。その反面、適切な距離感を失ってしまうと仕事上のじゃまになることもある。特に職場という上下関係がはっきりとしている場では、尊敬や信頼の問題にもかかわる。友達のような関係は気楽ではあるが、別にそのような関係は職場で求められていない。かえって上司が親密さを求め部下のプライベートな話まで聞き出したら、かえって距離がはなれるだろう。

これは、私たちが無意識のうちに他者との関係性において自分自身を守ろうとしているからである。心理的に近すぎると、相手からの期待や要求に押しつぶされるように感じ、逆に距離を置きたくなる場合がある。これは自分自身の精神的な安定を保つために、他者との適切な距離を保とうとする心が働いているのだ。もちろん他人との距離が遠すぎると、孤立感や孤独感を感じる。このように考えると、人間関係における適切な距離感とは、単に物理的な距離や会話の頻度だけでなく、相手の感情やニーズ、価値観をどの程度尊重し、理解するかという点に大きく依存していることがわかる。そして、その理解は時に非常に難解である。なぜなら、私たちの多くは、相手の心情や境界線を一度に完全に理解することはできず、それは時間をかけた観察や対話を通じて徐々に築かれるものだからだ。

(注1) 干渉(かんしょう): 他人の物事に立ちいって関係すること

(注2) 盾(たて): 敵の矢や槍から身を守る板状のもの

(注3) 劣化(れっか): 品質・性能が悪くなること

61 親しさを盾（たて）にしてしまうとは何を指すか。

1　相手への配慮が欠けてしまうこと

2　時間をかけて仲良くなろうとすること

3　相手の価値観や考えを理解しようとすること

4　一度言ったことを変えようとしないこと

62 筆者は、職場での人間関係をどのようにとらえているか。

1　親しさや距離感を決めつけることは、不和を引き起こす原因となりうる。

2　文化などによって、比較的親密な関係が築かれる場合も存在する。

3　信頼のためにも、上下関係にとらわれない自由な会話を推奨するといい。

4　上司は部下との距離が離れるほど信頼性が増す傾向にある。

63 筆者によると、他人との距離感をおこうとする理由は何か。

1　相手の意見に振り回されるのが嫌だから

2　関係が長期的に続くと感じなくなるから

3　感情的に物事を判断してしまうことが多いから

4　時に圧迫感から解放されたいと思うから

64 この文章で筆者が言いたいことは何か。

1　他者との距離をおくには、感情的なつながりに依存しない方がいい。

2　親密さと自主性のバランスを取れば、より深い信頼関係を築くことができる。

3　どれだけ離れていても、時間をかければいずれ親密な関係は成立する。

4　人間関係で摩擦が生じた際、冷静に対応できるかどうかが重要である。

問題12　次のAとBの文章を読んで、後の問いに対する答えとして最もよいものを、1・2・3・4から一つ選びなさい。

A

食事は、ただ栄養を補うためだけではなく、食習慣や食文化を満たす役割もある。例えば、お正月に食べるおせち料理や、節分(せつぶん)(注1)の恵方巻きなど、特別な行事の際に作られる料理は、家族の絆を強め、伝統を大切にする機会になる。また、季節ごとの食事を楽しむことで、自然の移り変わりを楽しむことができる。旬の食材は見た目だけでなく、味や香りが豊かで、鮮度(せんど)(注2)も良いため、調理の手間をかけなくても十分に美味しさを引き出すことができる。

さらには、食事にはコミュニケーションや人間関係の形成など、社会性を高める側面もある。特に家庭での食事は、親が子どもに礼儀や習慣を教える絶好の機会となるのだ。日々の食事を通じて学んだことは成長してからの人間関係においても役に立つのである。

B

最近の若者は、便利な加工食品に頼る傾向が強まっている。時間がないことを理由に、手軽で簡単に手に入る食品に依存してしまうが、それは健康に悪影響を及ぼすことがある。特に忙しい社会人や学生は、短時間で食事を済ませようと、栄養バランスを考慮せずに選択することが多い。これが長期的に見れば、大きな健康問題を引き起こす可能性がある。

さらに、便利さばかりを追い求めることで、食に対する感謝の気持ちや食文化の継承(けいしょう)(注3)が失われてしまうのではないかとの心配もある。また、加工食品に依存する生活は、家族と一緒に食卓を囲む時間の減少をもたらす可能性がある。食事は単なる過程ではなく、心を込めて準備し、共に楽しむべき時間である。忙しい現代でこそ、食事の重要性を見直す必要があるだろう。

（注１）節分（せつぶん）：季節の変わり目に起こりがちな病気や災害を鬼に見立て、それを追い払う儀式
（注２）鮮度（せんど）：野菜・魚・肉などの新しさの度合い
（注３）継承（けいしょう）：うけつぐこと

65 ＡとＢのどちらの文章にも触れられている点は何か。

1　季節によって食べるものを変えるべきである。
2　インスタント食品を避けることが望ましい。
3　家族で食事をする時間は案外大事である。
4　時間をかけて料理を作る過程が重要である。

66 ＡとＢの筆者は、食事についてどのように考えているか。

1　ＡもＢも、食事の本来の機能が弱まってきている状況を指摘している。
2　ＡもＢも、味が豊かでありつつ健康的な料理を作る方法について述べている。
3　Ａは食事に栄養を求めてはいけないと述べ、Ｂは最近の若者の食習慣の問題点について述べている。
4　Ａは食事の教育的目的について述べ、Ｂは食事の栄養バランスを気にするべきだと述べている。

問題13　次の文章を読んで、後の問いに対する答えとして最もよいものを、１・２・３・４から一つ選びなさい。

香道は、日本の伝統的な芸道(注1)の一つであり、香りを楽しむ文化として古くから続いている。香道は、香りで心を静め、精神を集中させることを目的とするもので、香木(注2)を用いた香の焚き方(注3)や、その香りの感じ方には厳密な作法があり、それを学び、実践することが香道の中心となっている。

香道の歴史は平安時代にまでさかのぼる。当時は貴族の間で香りを競い合う遊びが盛んに行われていた。これは香木を焚いてその香りを比べ、和歌や詩の題材に結びつける遊びであった。その後、室町時代になると、香道は茶道や華道と並び、広い階層に受け入れられ、<u>精神修養</u>の一環として発展していく。特に「組香」と呼ばれる香りを使った遊びが人気だった。参加者は複数の香を分け、その違いを表現する。組香は文学や和歌、哲学とも結びつき、深い教養が求められる高度な芸道として愛されるようになったのである。

このように香道には、単に香りを楽しむだけでなく、精神統一や自己の内面を見つめる時間を提供するという意味合いがある。面白いのは、香道では香りを「におう」のではなく、「聞く」という。これは、じっくりと香りを味わい、そこから伝わるものを心で聞き取るということからだそうだ。香りは人の感情や記憶に直接的に結びつきやすい。香りが持つ要素や個性を理解し、心の中で探求することは、音楽を聴く際に音の響きやメロディーの変化に耳を傾ける行為に似ている。そこで、香りに込められた意味やストーリーを学び、感じ取ることが創造性を刺激する役割として成り立つのである。

現代の忙しい生活の中で、私たちは外部からの情報の刺激に絶え間なくさらされており、心を落ち着ける時間を見失いがちである。香道は、こうした日常から解放され、心を整えるための貴重な機会を与えてくれる。香道を通じて、香りを感じ取る感覚や表現力が養われるだけでなく、香りを聞くという行為そのものが、深い集中力を必要とし、他の思考を取り除き香りそのものに心を向けることで、瞑想的な効果を生み出すのである。

（注１）芸道（げいどう）：芸を修業する道

（注２）香木（こうぼく）：よいかおりのある木

（注３）焚（た）く：火を使い、燃料を燃やす

67 香道（こうどう）に対する説明の中、正しくないものはどれか。

1　香りを区別する仕事において重要であった。

2　新たなインスピレーションを得る助けになる。

3　単なる嗅覚的な体験を超えたものである。

4　香りの違いを詩などに表していた。

68 この文章で精神修養（しゅうよう）が指しているのは何か。

1　香道（こうどう）の歴史について学ぶこと

2　香りの個性を深く理解すること

3　他者との関係を一度断つこと

4　香りの特徴を全て記憶すること

69 現代における香道（こうどう）について、筆者はどのように考えているか。

1　静かで豊かな時間を取り入れることに意義がある。

2　古き良き香道（こうどう）の伝統を受け継いでいくべきである。

3　香りを聞き分ける力は日常でも役に立つ。

4　家庭でも気軽に楽しめる方法を見つけてみるといい。

問題14　右のページは、北山市が主催する音楽フェスティバルの案内である。下の問いに対する答えとして最もよいものを、１・２・３・４から一つ選びなさい。

70　この音楽フェスティバルについて合っているものはどれか。

1　雨が降った場合には屋内の会場で行う。

2　ホームページでチケットを買えば一人3000円である。

3　会場は近くの駅から歩いて10分ほどにある。

4　小学生は参加することができない。

71　大学生の田村さんは、音楽フェスティバルに参加しようと思っている。田村さんが当日に気をつけるべきことは何か。

1　お酒を持ち込まないようにする。

2　他の人の邪魔にならないよう必ず座って観覧する。

3　ごみ箱がないのでごみを持ち帰るようにする。

4　リストバンドを外さないようにする。

第12回　北山音楽フェスティバルのお知らせ

今年も北山音楽フェスティバルが盛大に開催されます。国内外から集まる有名アーティストによるライブパフォーマンスが楽しめるだけでなく、会場周辺には飲食ブースやフリーマーケットも多数出店する予定で、楽しみ満載です！ゆったりとした雰囲気の中で、音楽をお楽しみ下さい。

● フェスティバル概要

開催日時	10月15日（日）午前10:00～午後8:00（※雨天決行）
開催場所	北山野外音楽公園
料金	前売り券 3,000円／当日券 4,000円（中学生以下は無料）
駐車場	無料駐車場あり（公園から徒歩10分の距離に位置）
問い合わせ先	北山市観光課 音楽フェスティバル実行委員会 電話 072-123-4567

● フェスティバルご参加の際のお願い

・前売り券はホームページにて販売いたします。当日券は会場受付までお越しください。
・来場者の安全確保のため、入場時に手荷物検査を実施いたします。ご了承ください。
・再入場は可能ですが、必ず手首に付けられたリストバンドをお持ちのまま再入場口で提示してください。リストバンドが無い場合、再入場はできません。
・会場周辺の自然環境保護のため、ゴミは必ず指定のゴミ捨て場に捨ててください。持ち帰りも推奨しております。
・フェスティバル会場内では禁煙です。喫煙される方は、指定の喫煙エリアをご利用ください。
・小さなお子様をお連れの方は、迷子にならないようお子様から目を離さないようにお願いします。万が一迷子になった場合は、受付にお知らせください。
・立ち入り禁止区域への侵入は固くお断りします。安全管理にご協力ください。
・長時間立って観覧する方は、他のお客様の視界を遮らないよう配慮をお願いします。
・会場内での飲酒は可能ですが、飲みすぎに注意し、周囲の方へのご迷惑にならないようご配慮ください。

皆様のご理解とご協力のもと、素晴らしい音楽のひとときをお楽しみいただけることを心より願っております。

問題用紙

N2

聴解

（50分）

注　　意
Notes

1．試験が始まるまで、この問題用紙を開けないでください。
Do not open this question booklet until the test begins.

2．この問題用紙を持って帰ることはできません。
Do not take this question booklet with you after the test.

3．受験番号と名前を下の欄（らん）に、受験票と同じように書いてください。
Write your examinee registration number and name clearly in each box below as written on your test voucher.

4．この問題用紙は、全部で13ページあります。
This question booklet has13pages.

5．この問題用紙にメモをとってもかまいません。
You may make notes in this question booklet.

受験番号　Examinee Registration Number	
名　前　Name	

もんだい
問題 1

問題１では、まず質問を聞いてください。それから話を聞いて、問題用紙の１から４の中から、最もよいものを一つ選んでください。

れい
例

1　学生証の更新をする

2　図書館のウェブサイトにアクセスする

3　受付カウンターに行く

4　図書館にメールを送る

1番

1　バッテリー交換をする

2　カメラバッグをもって来る

3　安い方のカメラをすすめる

4　カメラの価格を比較する

2番

1　プレゼンの練習をする

2　スライド用の画像を選ぶ

3　友達にスケジュールを聞く

4　発表に必要な資料を探す

3番

1　面接の練習をしに行く

2　自己紹介の部分を長くする

3　面接の質問をもっと考える

4　実体験の内容を増やす

4番

1　2,800円

2　3,000円

3　3,300円

4　3,600円

5番

1　買いものに行く

2　お弁当を作る

3　ジュースを配りに行く

4　佐藤さんのところに行く

問題 2

問題２では、まず質問を聞いてください。そのあと、問題用紙のせんたくしを読んでください。読む時間があります。それから話を聞いて、問題用紙の１から４の中から、最もよいものを一つ選んでください。

例

1　自分が着る服を選んでほしいから

2　旅行に行くことになったから

3　もうすぐ夏だから

4　今ちょうど安く売っているから

1番

1　床にカーペットを敷くのを忘れていたから

2　掃除をする時間帯が遅すぎたから

3　椅子を動かしたときの音がうるさかったから

4　壁に当たった音が大きかったから

2番

1　仕事仲間との関係がいいから

2　時給をたくさんもらえるから

3　仕事の時間があまり多くないから

4　お客さんが少ないから

3番

1　人が混んでいたから

2　予約の過程が面倒だったから

3　最近クマが目撃されたから

4　予約をするのを忘れたから

4番

1　急に体調が悪くなったから

2　おじいちゃんを病院に連れて行かないとだから

3　親と病院にいないといけないから

4　病院で看病をしないといけないから

5番

1　その場で実際に体験ができたこと

2　会ったことのない人と話し合えたこと

3　芝居に関する勉強ができたこと

4　初心者でも参加できること

6番

1　今日の午後

2　今日の夜ごろ

3　明日の午前中

4　明日の午後

問題3

問題３では、問題用紙に何もいんさつされていません。この問題は、全体としてどんな内容かを聞く問題です。話の前に質問はありません。まず話を聞いてください。それから、質問とせんたくしを聞いて、１から４の中から、最もよいものを一つ選んでください。

－ メモ －

もんだい
問題4

問題4では、問題用紙に何もいんさつされていません。まず文を聞いてください。それから、それに対する返事を聞いて、1から3の中から、最もよいものを一つ選んでください。

– メモ –

問題５

問題５では、長めの話を聞きます。この問題には練習はありません。

問題用紙にメモをとってもかまいません。

１番、２番

問題用紙に何もいんさつされていません。まず話を聞いてください。それから、質問とせんたくしを聞いて、１から４の中から、最もよいものを一つ選んでください。

－　メモ　－

3番

まず話を聞いてください。それから、二つの質問を聞いて、それぞれ問題用紙の１から４の中から、最もよいものを一つ選んでください。

質問1

1　基礎文法クラス

2　ベーシック会話クラス

3　アドバンス会話クラス

4　ビジネス英語クラス

質問2

1　基礎文法クラス

2　ベーシック会話クラス

3　アドバンス会話クラス

4　ビジネス英語クラス

정답 194쪽

정답 및 청해 스크립트

답안용지

해석 PDF 파일은 **오른쪽 QR코드**를 스캔하거나,
맛있는북스 홈페이지(www.booksJRC.com)에서
무료로 다운로드 할 수 있습니다.

이번에 제대로 합격!
JLPT 실전모의고사 **N2**

정답

언어지식(문자·어휘·문법)·독해

문제1	1	2	3	4	5
	2	1	3	1	2
문제2	6	7	8	9	10
	4	3	2	3	1
문제3	11	12	13		
	3	4	3		
문제4	14	15	16	17	18
	3	3	2	3	1
	19	20			
	1	2			
문제5	21	22	23	24	25
	1	4	4	2	1
문제6	26	27	28	29	30
	3	3	2	1	4
문제7	31	32	33	34	35
	1	4	3	1	4
	36	37	38	39	40
	2	3	1	2	1
	41	42			
	2	1			

문제8	43	44	45	46	47
	4	3	3	4	4
문제9	48	49	50	51	
	2	1	3	1	
문제10	52	53	54	55	56
	2	4	4	1	1
문제11	57	58	59	60	
	3	2	3	2	
	61	62	63	64	
	1	4	3	1	
문제12	65	66			
	3	1			
문제13	67	68	69		
	2	3	2		
문제14	70	71			
	3	4			

청해

문제1	1	2	3	4	5
	1	2	2	4	3
문제2	1	2	3	4	5
	3	2	1	3	1
	6				
	1				
문제3	1	2	3	4	5
	4	3	1	2	4

문제4	1	2	3	4	5
	1	2	2	3	2
	6	7	8	9	10
	1	2	3	1	3
	11				
	2				
문제5	1	2	3 (1)	3 (2)	
	3	4	2	4	

전체 듣기

청해 스크립트

問題1

문제별 듣기

問題1では、まず質問を聞いてください。それから話を聞いて、問題用紙の1から4の中から、最もよいものを一つえらんでください。では、練習しましょう。

学生はこれから何をしますか。

最もよいものは3番です。解答用紙の問題1の例のところを見てください。最もよいものは3番ですから、答えはこのように書きます。では、始めます。

例

図書館で司書と学生が話しています。学生はこれから何をしますか。

M：この本、今貸し出し中みたいなんですが、予約できますか？

F：はい、予約はできます。図書館のウェブサイトから予約することができますよ。

M：図書館のウェブサイトですね。スマートフォンからでもできますよね？

F：はい、パソコンでもスマホでもどちらからでもできます。予約が完了すると、メールでお知らせが届くので、確認してください。お知らせが届いてから3日以内に来館するようお願いいたします。

M：わかりました。誰でも予約できるんですか。

F：事前登録が必要なのですが、本大学の学生でしたら、1階の受付カウンターで学生証を提示してください。係の者が案内します。

M：はい、わかりました。まだできていないので、そうします。ありがとうございます。

1番

スーパーで二人の職員が話しています。男の人がこの後しなければならないことは何ですか。

F：高橋さん、4時の廃棄の確認と、トイレ掃除お願いしてもいいかな。

M：分かりました。そういえば、廃棄の確認はさっき山田さんがするって言っていたのですが。

F：あ、そうなのね。じゃあ、いいわ。

M：はい、それから、お菓子コーナーの方の品出しもしておきましょうか。少なくなってきているので。

F：いや、それはあとでもいいよ。それより、ジュース類の補充を急ぎでお願い。

M：分かりました。掃除が終わってからでもいいですか。

F：いや、先にしてくれる？お客さんがたくさん来る前にいっぱいにしておいたほうがいいから。

M：はい、了解しました。

F：レジはあたしが見ておくから、行っておいで。ついでに、レジ袋も足りなくなっていたから持ってきてくれるかな。

M：あ、それはさっきしておきました。

男の人がこの後しなければならないことは何ですか。

2番

会社で男の人と女の人がミーティングについて話しています。女の人はこのあと、まず何をしなければなりませんか。

F：課長、少しお時間いいですか？来週のミーティングについて話したいのですが。

M：どうした。ミーティングで話し合う内容のことか。どうなった。

F：はい、そちらは、プロジェクトの進行内容に加えて、クライアントからのフィードバックの検討も行うことになりました。

M：そうか。そうなると会議も少し長引きそうだな。じゃあ、資料の方は準備できたかい。

F：はい。指摘してくださった通りに、項目別に区別して、グラフを追加しました。印刷はあとで佐々木さんがする予定です。できたら先にお持ちしましょうか。

M：いや、それは別にいいよ。そういや、追加されたと言ったフィードバックの内容はどんな感じになっているかい。

F：あ、それが、改善点に関する内容を、各担当者とまとめているところなんです。もうすぐ出来上がると思います。

M：なるほど。じゃあ、でき次第見せてくれるかな。

F：分かりました。

女の人はこのあと、まず何をしなければなりませんか。

3番

電話で女の人と男の人が話しています。女の人はこのあと、どうしますか。

F：もしもし。506号室なんですけど、部屋のエアコンから冷たい風が出ないです。多分壊れてるのかなと思うのですが。

M：それはご不便をおかけして申し訳ございません。すぐにスタッフを送ります。

F：お願いします。あと、部屋にタオルが見当たらないのですが、どこにありますか。

M：タオルは浴室の棚の中にあります。もし足りないようでしたら、お申し付けください。

F：分かりました。電話を切ったら、見てみます。それから、明日のシャトルバスの時間をもう一度教えていただけないでしょうか。

M：はい。シャトルバスは明日の9時と10時に出発が予定されております。

F：なるほど。少し早めですね。シャトルバスの予約は必要ですか。あと、無料ですか。

M：シャトルバスのご利用は無料で予約不要ですが、席に限りがございますので、出発の10分前にはロビーにお越しください。もしご希望であれば、タクシーの手配も可能です。

F：タクシーは大丈夫です。

M：かしこまりました。では、ただ今スタッフが向かいますので、少々お待ちください。

女の人はこのあと、どうしますか。

4番

男の人と女の人が話しています。男の人はこのあと、まず何をしなければなりませんか。

M：ちょっと相談があるんだけど、最近新しい部屋を探しててさ。

F：本当？何か理由でもあるの。

M：いや、今の寮も悪くないんだけど、もう少し広くて駅近のところに引っ越そうかなと思って。

F：やっぱ駅近がいいよね。今住んでるところ駅まで結構歩くもんね。で、なにが悩みどころなの？

M：いや、一人暮らしが初めてだから、なにから手をつけていいかよく分からなくて。不動産サイトでいくつか物件は見てたんだけどね。

F：そうか。じゃあまず、希望するエリアとか条件はどんな感じかな。やっぱ学校から近い方がいいんじゃない。

M：そうだね。でもやっぱり駅からは10分以内がいいな。あと、築年数は新しめがいいんだけど、家賃はあまり高くない方が助かるかな。

F：そうか、じゃあ、家賃から決めた方が良さそうだね。それによって全然変わってくるし。あと、気になる物件があれば、すぐに内見の予約を入れた方がいいよ。

M：わかった。それから先に考えてみるよ。それと、やっぱり内見はしたほうがいいよね？写真だけだとよく分かなかったからさ。

F：うん。絶対した方がいいよ。実際に見てみないと分からないこともたくさんあるし、周辺の環境も確認できるからね。

M：分かった。ありがとう。

男の人はこのあと、まず何をしなければなりませんか。

5番

女の人と男の人が話しています。女の人はこの後、最初に何をしますか。

F：うーん、眠い…。今日の午後は全然集中できないよ。

M：もしかして昨晩、遅くまで起きてた？

F：そう。最近テスト期間だし、昨日は課題も溜まっていて、結局寝るのが遅くなっちゃった。コーヒーでも買って来るよ。

M：うん。もし今時間空いてるなら、仮眠でもとったら。カフェイン取った後、効き始めるまで少し時間かかるから、その間に寝るんだよ。

F：へえ。それって本当に効果があるの。

M：うん。僕もたまにやるけど、結構すっきりするよ。普通に昼寝するよりもずっと効果的だと思う。

F：なるほど。ちょっと試してみる。ありがとう。今のままじゃ、次の授業でうとうとしちゃいそうだよ。図書館にソファがあるから、そこに行こうかな。

M：いいね。そういや、今日の授業、ディスカッションするっていってたよね。まだノート整理終わってないから、僕も図書館行って早くやらなきゃ。

F：じゃあ、先行ってて。私もすぐ向かうわ。

M：うん。あと、仮眠は20分以内がいいよ。長く寝すぎると逆にぼーっとしちゃうから。

F：わかった。

女の人はこの後、最初に何をしますか。

問題２

문제별 듣기

問題２では、まず質問を聞いてください。そのあと、問題用紙のせんたくしを読んでください。読む時間があります。それから話を聞いて、問題用紙の１から４の中から、最もよいものを一つえらんでください。では、練習しましょう。

例

男の人と女の人が話しています。女の人はどうして、服を買おうとしているのですか。

F：ちょっと、これ見て。この服とかユウタ似合うんじゃない。

M：また？この前買ったから別にいらないよ。

F：それは春用じゃん。そろそろ暑くなってきたじゃない。

M：そう？僕は別に十分だと思うけどな。このズボンなんか、一年中履いてるし。

F：ええ。冬とか絶対寒いでしょ。私だったらありえないわ。

M：あんまり考えたことないな。

F：この前も旅行に行くからって服選んであげたのに、結局買わなかったじゃない。

M：あれはよかったけど、ちょっと高すぎるよ。セール中だったら絶対買ったのに。

F：セールしてた時も興味なかったじゃない。少しぐらい気を使ってよ。そろそろ夏なのに、その格好だと暑苦しいわよ。

M：分かったよ。じゃあ、見せて。

女の人はどうして、服を買おうとしているのですか。

最もよいものは３番です。解答用紙の問題２の例のところを見てください。最もよいものは３番ですから、答えはこのように書きます。では、始めます。

1番

男の人と女の人が話しています。女の人はどうしてデジタルデトックスをしたと言っていますか。

M：最近、スマホを見すぎてる気がするんだよね。朝起きてから寝るまでずっと手放せないんだ。

F：私も同じような感じだよ。特にＳＮＳとか動画に時間を取られがちで。

M：わかるよ。スマホ見てると一瞬だよね。

F：うん。つい遅くまで見てて寝不足にもなるし、目もなんか疲れやすくなる。

M：だよね。だから、ちょっとデジタルデトックスを考えてるんだけど、田中さんはやったことある？

F：うん、一度やったことあるよ。私もスマホのせいで集中力が落ちた気がして、スマホを使う時間を意識的に減らしてみたんだ。外に出る時間を増やしたり、本を読むようにしたりしてね。

M：それって効果あった？

F：すごくあったよ。まず目の疲れが減ったし、なんだか心もリフレッシュできた気がしたよ。それに、スマホを見ない時間が増えたおかげで、仕事の効率も上がったと思う。

M：なるほど。でも、具体的にどうやって始めたらいいんだろう。

F：まずは、毎日のスマホ使用時間を記録してみるといいよ。それから、少しずつ使用時間を減らすんだ。例えば、朝スマホチェックするのをやめて、代わりに散歩に出かけるとか。

M：それいいね。最近、寝つきが悪くて、起きてもなんかボーっとしてるから散歩でもしようかな。

F：寝る前の１時間はスマホを見ないようにするのも効果的だよ。

M：そうか。やってみようと思うけど、難しそうだなあ。

女の人はどうしてデジタルデトックスをしたと言っていますか。

2番

男の人と女の人が話しています。女の人はどうしてさっぱりしたものが食べたいのですか。

M：ねえ、今夜の夜ごはん、どうするか決めた？

F：特に。あんま食欲ないし、何かヘルシーなものがいいかな。

M：うーん。サラダとか？スーパー行くついでに買ってこようか。

F：サラダは冷蔵庫にあるからいいわ。なんかさっぱりしたものがいいんだけど。

M：なにがいいかな。由香、最近ちゃんと食べてない気がするけど、大丈夫か？

F：この前まで風邪気味だったじゃない。そのせいか、少し胃もたれしちゃったのかも。

M：そうか。風邪は治ったって言ってたはずだったのに、おかしいなと思ったよ。じゃあ、またお粥でも作ろうか。

F：ううん、ありがとう。そこまでがっつりしたものじゃなければ、食べられそうだから。

M：じゃあ、おそばとかはどう？前食べたのおいしかったって、言ってたじゃん。最近暑いし、ざるそばとかピッタリじゃない？

F：あ、いいかもね。それなら食べられそう。出前で頼めるっけ？

M：うん。じゃあ、それで頼んでみるね。サラダも出した方がいい？

F：そうだね。ありがとう。

女の人はどうしてさっぱりしたものが食べたいのですか。

3番

男の人と女の人が話しています。女の人がプレゼントをもらっても嬉しくない理由はなんですか。

M：どうしたの。なんか元気ないじゃん。

F：ねえ、聞いてよ。友達がこの前私誕生日だからって、プレゼントをくれたの。

M：そうなの。それなのになんで嬉しくないの？

F：それがね、何をくれたと思う？ブランド物だったの。びっくりしちゃって。

M：へーすごいね、その友達。で、何が問題なの？高すぎて負担になるとか？

F：いや。確かに高いけど、そんなことないわ。

M：じゃあ、何か下心が見えるとか？

F：うーん、そうではないわ。もしそうだったら、もらう時に断ってるわよ。

M：うーん。だったら、別に問題ないんじゃない。またその子の誕生日に同じようなもの買ってあげたらいいと思うけど。

F：そうじゃなくて、デザインが結構派手で、私の普段使いには合わないと思うの。それに思ったより使いにくいってのもあって。どうしたらいいか迷ってるところなの。

M：ああ。そういうことか。前もって何が欲しいとか言ってあげたらよかったかもね。

F：それもそうだね。別に全く使えないってことはないから、何も言わないでおこうかな。

M：でも、その友達も大切に使ってほしいって気持ちのほうが強いと思うよ。だから、他のデザインのものとか違うものに替えてもらってもいいんじゃない。

F：そうかな。分かった。一回言ってみるよ。

女の人がプレゼントをもらっても嬉しくない理由はなんですか。

4番

女の人と男の人が話しています。男の人が電車に乗ろうとする理由は何ですか。

F：明日どうすることにしたの。

M：えっと。元々はバスで行こうとしたんだけど、電車の方がいいかなと思って。

F：そう？バスだと一本で行けるはずだよ。乗り換え面倒くさくない？

M：そうなんだけど、バスは道が混んでいたら結構遅れることもあるから。それに、乗り換えしても、時間はあまり変わんないと思うんだ。

F：そう。じゃあ、電車で行きましょう。それにわたしバスだと少し酔っちゃうから、よかったわ。

M：そうなんだ。じゃあ、電車一択でよかったじゃない。

F：別に乗れないわけじゃないから。でも、電車だったらラッシュアワーの前に行かないとだね。

M：それは大丈夫。早めに行く予定だから。4時すぎくらいに出発でどうかな。

F：ちょっと早すぎない？私はせめて4時半か5時でもいいと思うんだけど。

M：それだと少し心配だよ。いくら電車だと言っても、乗り換えもあるし。余裕持って行きたいな。

F：もう、分かったわ。ほんと念には念を入れるタイプなんだから。

男の人が電車に乗ろうとする理由は何ですか。

5番

女の人と男の人が話しています。女の人はカフェが閉店する原因が何だと言っていますか。

F：私がよく行ってたあのカフェ、来月で閉店するんだって。

M：え、本当？あそこのコーヒー美味しいっていいってたのに。残念じゃない？

F：そうなのよ。私ショックで。

M：何で閉店するの？最近家賃が上がったからかな？オーナーさんに聞いてみた？

F：それがね、それよりもお客さんが少しずつ減っちゃってたみたいなの。

M：そうか。小さなお店だから、より大変なんだな。

F：それに、周りに大手のチェーン店がいくつかできて、経営が厳しくなっちゃったみたいなの。

M：確かに個人経営の店だと、どうしても価格や品揃えでチェーン店には勝てないところがあるよね。

F：うん、私はゆったりしていて、居心地の良いカフェがよかったのに。

M：夜はいつも閉まってるからあまり行ったことなかったけど、全然気が付かなかったな。

F：やっぱり競争が激しくなってるみたい。これからはどこでコーヒー飲もうかしら。

女の人はカフェが閉店する原因が何だと言っていますか。

6番

女の人と男の人が話しています。男の人が女の人の意見に賛成できないのは、どうしてですか。

F：ちょっと話があるんだけど、子どもたちを塾に通わせるのどうかなって思ってるの。

M：急にどうして？

F：最近、学校の成績も伸び悩んでるし、塾に通えばもっと自信もつくと思うの。

M：うん、それはわかるけど、塾って結構お金がかかるんじゃない？それに、成績そんなにひどかったっけ？

F：もちろん頑張ってはいるわよ。だけど、今のうちから基礎をしっかりさせておきたいの。ほら、これも将来のための投資だと思ってさ。

M：うん、それは一理あるけど、子どもたちにはもっと自由に遊んだり、自分の興味を見つけたりする時間が必要だと思うんだ。塾に行かせることで、そういった時間が奪われるのが心配だな。

F：うーん。でも、今の教育環境は昔とは違うと思うの。競争も激しいし、学校の授業だけではカバーしきれない部分もあるから、そろそろ通わせた方がいいと思うの。

M：そうか。でも塾に行かせるなら送り迎えもしないといけないだろう？それはどうするんだい。僕が仕事終わってからじゃ遅くないか？

F：うん。それは考えてみないといけないわね。

M：でも、まずは子どもたちの意見を聞いてみよう。それからでも遅くないと思うよ。

男の人が女の人の意見に賛成できないのは、どうしてですか。

問題３

문제별 듣기

問題３では、問題用紙に何もいんさつされていません。この問題は全体としてどんな内容かを聞く問題です。話の前に質問はありません。まず話を聞いてください。それから、質問とせんたくしを聞いて、１から４の中から、最もよいものを一つえらんでください。では、練習しましょう。

例

テレビでアナウンサーが話しています。

M：皆さんはインターネットショッピングをよく利用しますか。最近はアプリで注文すると、翌朝には自宅に届くようなサービスもあるようです。スマートフォンの普及によって、ますます使用が拡大しているとのことです。20代から60代にかけての人々を対象に調査した結果、「次の日には届くので晩ごはんの材料をよく買っている」「近所のスーパーにはない商品が売っている」「愛犬のおもちゃの種類が多様だ」などの意見が寄せられました。

インターネットショッピングのどのようなことについての調査ですか。

1．注文する方法
2．注文する時間帯
3．注文する品物の種類
4．注文する世代

最もよいものは３番です。解答用紙の問題３の例のところを見てください。最もよいものは３番ですから、答えはこのように書きます。では、始めます。

1番

ラジオで女の人が話しています。

F：最近、一人で食事をすることが増えてきたように感じます。少し前までは一人でご飯を食べることを「ぼっち飯」などとも呼んでいました。これには少しネガティブなニュアンスが含まれています。やむを得ず一人で食事をする状況を指すことが多いからです。忙しかったり、あるいは単に一緒に食べる人がいなかったりするがゆえに、「ぼっち飯」をするのです。しかし、最近よく耳にする「一人飯」は、一人でご飯を食べることに対する受け入れ方が少し違うように感じます。これは、自分のペースで自分の好きなものをゆっくり味わうことを肯定的に捉えていると言えます。特に社会人は学生より「一人飯」への抵抗感が少ない傾向だそうです。社会人になると周囲でも「一人飯」をしている人が増え、仕事上の都合で一人の方が楽な場合もあるからだと考えられます。

女の人の話のテーマは何ですか。

1．一人飯の楽しみ方
2．社会人の一人飯の割合
3．社会で一人ぼっちになる勇気
4．一人で食事することの捉え方の変化

2番

講演会で先生が話しています。

M：わかめに含まれるアルギン酸という成分は健康にとても良いことで知られています。具体的には、体内の脂肪やコレステロールを減らし、血管の健康を促進する効果があります。特に、悪玉コレステロールを減少させることで、心臓や脳の病気の予防にも役立ちます。実は、この成分はわかめのネバネバした食感のもとにもなっています。実際、ネバネバした食材は健康にいいものが多いです。代表的なものをあげると、山芋や納豆、おくらなどがそうですね。どれもお腹にやさしく、エネルギー代謝を促進し、栄養素も豊富に含まれている食材だと言われています。

先生はどのようなテーマについて話していますか。

1．わかめの健康的な食べ方
2．わかめに含まれているコレステロール
3．健康に良いネバネバ食材
4．栄養素をたくさん摂る食事方法

3番

学校で先生が保護者たちに話しています。

F：今度の校外学習では、海水浴場に行く予定です。ただ、海で泳ぐために海水浴場に行くわけではありません。先月から学校のプールで水泳の授業を行っていますが、プールで泳ぐことと実際の海で泳ぐことの違いを体感してもらうだけでなく、海にすむ様々な生き物を見つけ、感じてもらうことを目標としています。また、理科の時間に生物について勉強しましたが、実際に自然の中で暮らしている生き物たちを目で確かめてもらえればと思っています。安全については、教師一同しっかりと指導しますので、ご家庭でも声をかけてください。よろしくお願いします。

先生は何について話していますか。

1．校外学習の目標
2．校外学習の場所
3．海水浴場でのマナー
4．生物の多様性

4番

インタビューで男の人が話しています。

M：私たち飼育員としては、なによりも動物たちの健康管理が大変です。動物ごとに異なる習性や食性を把握し、日々の健康チェックを欠かさないようにしています。特に、体調の変化を早期に見つけることが重要です。普段と違う食欲や行動が見られた場合、すぐに対応しなければなりません。また、動物は人間よりも寿命が短いことが多いため、きちんと動物の命と向き合うことができるかも重要なところです。さらに飼育員は単に動物の世話だけをしていればいいというわけではありません。お客様がどのようにすれば楽しんでもらえるか、何を見て体験したいかを、常に考えなければなりません。お客様を集めることも一つの仕事なのです。

男の人の話の主な内容は何ですか。

1．動物園の運営状況
2．飼育員として大事な仕事
3．動物の面倒の見方
4．飼育員の健康維持方法

5番

テレビで先生が話しています。

F：カゲロウという生き物は、短い命を持つ昆虫で、成虫になるとわずか数時間から数日の短い間しか生きられません。そのため成虫は口が退化しており、えさを食べることができません。そんなカゲロウは成虫の短い間に大量に発生することがあります。この現象は、特に川や湖の近くで見られ、夜間には街灯に集まります。大量のカゲロウが街灯に集まると、交通事故の原因となることもあります。また単純に、大量の虫が飛ぶ姿は、不快感を与えることもあります。しかし、カゲロウは環境の健康状態を示す重要な指標でもあります。幼虫が成長するためにはきれいな水が必要なので、カゲロウがたくさんいることは、水質が良いことを示しているのです。

先生はどのようなテーマについて話していますか。

1．カゲロウの姿と人の健康への影響
2．交通事故が大量発生する原因
3．カゲロウが住む川の水質の検査方法
4．カゲロウの生態と人の生活への影響

問題４　問題４では、問題用紙に何もいんさつされていません。まず文を聞いてください。それから、それに対する返事を聞いて、１から３の中から、最もよいものを一つ選んでください。では、練習しましょう。

문제별 듣기

例

F：田中さん、来週の会議の準備は進んでいますか？

M：1．まだ先週の準備が終わっていません。
　　2．来週の会議は何のためにしますか。
　　3．ええ、準備は順調に進んでいます。

最もよいものは３番です。解答用紙の問題４の例のところを見てください。最もよいものは３番ですから、答えはこのように書きます。では、始めます。

1番

F：この新しいプロジェクト、完了までにどのくらい時間がかかりそうですか？

M：1．そうですね。おそらく一ヶ月はかかるでしょう。
　　2．いや、プロジェクトの内容によります。

3．プロジェクトの詳細を確認してから考えましょう。

2番

F：この資料、明日の会議までに仕上げられる？

M：1．申し訳ありませんが、今日はちょっと…。

2．はい、できる限り早く終わらせるようにします。

3．いえ、明日の会議は何時からですか。

3番

F：このデータを使って論文を書きたいのですが、許可をいただけますか？

M：1．論文を書く時間はありません。

2．はい、出典の表記もきちんとお願いします。

3．他のデータを使った文章を書いてください。

4番

M：こちらのコース料理などはいかがでしょうか。

F：1．はい、とても人気がありますね。

2．今日は肉を食べるしかなかったんですよ。

3．おいしそうですけど、海鮮がどうも苦手で…。

5番

F：この口座を解約したいんですが、どうすればいいですか？

M：1．口座を作るのは大したことありません。

2．解約には手数料がかかりますが、よろしいでしょうか。

3．はい、解約手続きをしてくださいませんか。

6番

M：もっと早く言ってくれればよかったのに。

F：1．ごめんね。次からはすぐ言うね。

2．ごめんね。やっぱり早いよね。

3．ごめんね。あなたでよかったわ。

7番

F：来週の会議でプレゼン、任せてもいいかな？

M：1．現在、プレゼンテーションの準備はできません。

2．私では役不足かもしれませんが、精一杯やらせていただきます。

3．実は、再来週の会議には出席できない予定なんです。

8番

M：やればできるじゃないか。まずまずの出来だったぞ。

F：1．やっぱりできましたか。安心しました。
2．まずかったですか。次は頑張ります。
3．はい、おかげさまで。

9番

F：今度の週末空いてる？みんなでバーベキューしない？

M：1．今のところ大丈夫。こないだ言ってたキャンプ場に行こうか。
2．ううん、まだバーベキューやったことないんだ。
3．ごめん、空きがなくなっちゃったんだ。

10番

M：来週のアメリカ出張には誰が同行しますか？

F：1．どこにも行かないから大丈夫です。
2．ニューヨークに行くはずです。
3．課長が単独で行かれると聞いておりますが…。

11番

F：ねえ、この料理に使われてる材料は何だろうね？

M：1．材料は教えかねないんじゃないかな。
2．香りからすると、フルーツ類が入ってると思うんだけどな。
3．材料は新鮮なほうがいいかもしれないね。

問題5　**問題5では、長めの話を聞きます。この問題には練習はありません。問題用紙にメモをとってもかまいません。**

문제별 듣기

1番、2番

問題用紙に何もいんさつされていません。まず話を聞いてください。それから、質問とせんたくしを聞いて、1から4の中から、最もよいものを一つ選んでください。では、始めます。

1番

家で男の人と女の人が話しています。

F：ただいま。あら、何の匂いかしら。いい匂いがするわ。

M：おかえり。最近、残業続きで忙しかったじゃない。君が好きなハヤシライス作ったよ。

F：本当？ありがとう。じゃあ、先にごはんにしましょう。

M：うん、すぐ準備するね。

F：そういえば、冷蔵庫にあったお肉全部使った？

M：牛肉のこと？多分、まだあると思うよ。

F：そう。じゃあ、週末は肉じゃがにしようか。

M：えっ、すき焼き食べたいって言ってたじゃない。いいの？

F：うん、お母さんがレシピ教えてくれたんだけどね。牛丼と同じ割合の濃いだしで作ればおいしいんだって。

M：へー、牛丼と同じ割合か。考えてみたことなかったな。確かに玉ねぎも入るし、もともと味が似ているからね。じゃあ、明日じゃがいも買ってくるね。

F：あ、じゃがいも全部使っちゃったの？

M：うん、ハヤシライスに入れちゃった。

F：なら、もともと食べたかったメニューにしようか。

M：わかった。その新しいレシピはまた今度作ってよ。

二人は今週末、何を作ることにしましたか。

1．ハヤシライス
2．肉じゃが
3．すき焼き
4．牛丼

2番

会社で男の上司と部下二人が話しています。

M：最近、健康食品部門の売り上げが落ちてきてるね。何かいいアイデアはないかな？

F１：そうですね。新しいパッケージを試してみるのはどうでしょうか。特に若い女性をターゲットにしたデザインとか。

M：それはいい考えだな。山田さんはどう思う？

F２：うーん、パッケージの変更もいいですが、マーケティング手段をもっと活用する方法もあると思います。インフルエンサーにレビューしてもらうとか、健康食品の重要性を動画にまとめて、ＳＮＳにアップロードするとか。

F１：確かに、それも効果的かもしれませんね。経費も比較的かからないでしょうし。

M：じゃあ、まずは経済的な方法から試してみようか。山田さんが計画を作ってくれるかな？

F２：はい、かしこまりました。

M：鈴木さんの案もいい案だから、時間がある時にどんなデザインがいいか、他社製品の例を集めてみてくれる？まずは山田さんの計画案に沿って、サポートしてほしい。

F１：はい、わかりました。

売り上げを伸ばすために、何をすることにしましたか。

1. 新しいパッケージを導入する
2. 他社のデザインを参考にする
3. インフルエンサーを雇用する
4. マーケティングを強化する

3番

まず話を聞いてください。それから、二つの質問を聞いて、それぞれ問題用紙の１から４の中から、最もよいものを一つ選んでください。では、始めます。

3番

番組を聞いて、夫婦が話しています。

M１：今回、ご紹介するのは、夫婦で行きたい地元のおすすめスポットです。まず、「市立公園」です。何と言っても自然を満喫できる広大な面積が特徴です。季節ごとに異なる風景を楽しむことができ、園内にある和風カフェもぜひ行きたいですね。それから、「中央美術館」もおすすめです。定期的に開催される特別展やイベントも見逃せません。ゆっくりと美術作品を鑑賞しながら、お互いの感想を話し合うのも楽しいひとときです。少し郊外に行くなら、「海の先温泉」もいいですよ。日頃の疲れを癒すのにぴったりのスポットです。海を見ながら、リラックスした時間を過ごせます。最後に、地元の農産物を使った料理がおいしい「山中カフェ」を紹介します。新鮮な食材を使ったおいしい料理が楽しめるだけでなく、地元で採れたばかりの野菜や果物を購入することができる直売所もあります。季節ごとの特製スイーツやドリンクも見逃せません。

F：ねえ、久しぶりにカフェ、今週末行かない？

M２：直売所もあるんだってね。食材を買ってきて、晩ごはんを作ってもいいかもしれないね。

F：あ、でも私久しぶりに芸術を楽しむのもいいと思うなあ。

M２：そういえば前に言ってた特別展、今週までだよ。

F：なら、カフェは諦めるかあ。でも、うちの地元の桃、食べたいな。迷っちゃう。

M２：それなら、僕が買ってくるから、行っておいで。実は、僕、その展示、会社のワークショップで見たことあるからさ。

F：本当？なら、別行動で行ってくる？

M２：うん、僕は買ったら、そのまま海も見に行こうかなと思う。各自用事を済ませたらドライブしようか。

F：分かった。そうしましょう。

質問１．女の人は、どこに行きますか。

質問２．男の人は、どこに行きますか。

정답

언어지식(문자·어휘·문법)·독해

문제1	1	2	3	4	5
	3	2	2	1	3
문제2	6	7	8	9	10
	4	1	4	2	1
문제3	11	12	13		
	2	1	2		
문제4	14	15	16	17	18
	3	1	3	2	3
	19	20			
	4	1			
문제5	21	22	23	24	25
	2	1	3	2	4
문제6	26	27	28	29	30
	4	3	1	2	4
문제7	31	32	33	34	35
	1	2	3	2	2
	36	37	38	39	40
	2	3	2	4	3
	41	42			
	3	1			

문제8	43	44	45	46	47
	3	4	3	2	4
문제9	48	49	50	51	
	3	1	2	4	
문제10	52	53	54	55	56
	3	2	4	3	4
문제11	57	58	59	60	
	1	2	4	3	
	61	62	63	64	
	1	1	3	2	
문제12	65	66			
	4	1			
문제13	67	68	69		
	2	3	4		
문제14	70	71			
	2	3			

청해

문제1	1	2	3	4	5
	3	4	4	1	4
문제2	1	2	3	4	5
	3	4	2	3	2
	6				
	4				
문제3	1	2	3	4	5
	2	3	2	2	1

문제4	1	2	3	4	5
	1	2	2	1	1
	6	7	8	9	10
	3	3	1	1	3
	11				
	2				

문제5	1	2	3	
			(1)	(2)
	1	3	2	3

전체 듣기

청해 스크립트

問題１

문제별 듣기

問題１では、まず質問を聞いてください。それから話を聞いて、問題用紙の１から４の中から、最もよいものを一つえらんでください。では、練習しましょう。

学生はこれから何をしますか。

最もよいものは３番です。解答用紙の問題１の例のところを見てください。最もよいものは３番ですから、答えはこのように書きます。では、始めます。

例

図書館で司書と学生が話しています。学生はこれから何をしますか。

M：この本、今貸し出し中みたいなんですが、予約できますか？

F：はい、予約はできます。図書館のウェブサイトから予約することができますよ。

M：図書館のウェブサイトですね。スマートフォンからでもできますよね？

F：はい、パソコンでもスマホでもどちらからでもできます。予約が完了すると、メールでお知らせが届くので、確認してください。お知らせが届いてから３日以内に来館するようお願いいたします。

M：わかりました。誰でも予約できるんですか。

F：事前登録が必要なのですが、本大学の学生でしたら、１階の受付カウンターで学生証を提示してください。係の者が案内します。

M：はい、わかりました。まだできていないので、そうします。ありがとうございます。

１番

授業で先生が話しています。学生たちは今日この後、何をしますか。

M：昨日、学生からメールで、今回の発表のテーマに関して質問がありました。前言った通り、特に制限はありません。あと、テーマが決まったら、事前に提出してください。

F：期限はいつまでですか。

M：発表の１週間前までには、私に見せてください。授業の時に持って来るといいかと思います。

F：メールではだめですか。

M：もちろん、いいですよ。発表は一人10分ほどなので、時間内にできるテーマにしてくださいね。

F：発表の順番はいつ決めますか。

M：今日の授業後にします。ランダムで決めます。今日来ていない人は伝えておいてください。

F：分かりました。

学生たちは今日この後、何をしますか。

2番

会社で課長と男の人が話しています。男の人はこのあと、何をしますか。

M：課長、お呼びですか。

F：実は、来月のワークショップなんだけど、少し変更になりそうで。

M：そうですか。日程なら、今スケジュール組もうとしていたところです。

F：いや、日程は前の通り、木曜日と金曜日なんだけど、場所が少し問題があるそうで。人数が途中で増えたのもあって、予約ができなさそうと近藤さんが言ってたんだけど。少し確認してみて。

M：はい、今近藤さんに聞きに行けばいいですか。

F：うーん、先に予約した宿泊場所に連絡してもらってもいいかな。それから、無理なら新しい候補を考えないとだね。

M：分かりました。もし変更になるとしたら、今日の会議でも話した方が良さそうですね。

F：そうだね。そうなったら、資料の準備ももう一度お願いね。

M：はい。

男の人はこのあと、何をしますか。

3番

駅で女の人と駅員が話しています。女の人は、今ここでいくら払いますか。

F：すみません。白金駅まで行きたいのですが、料金がいくらなのかよく分からないんですが。

M：白金駅ですか。普通列車なら、1,300円になります。

F：特急とは何が違うのですか。

M：普通列車は、各駅停車なので、特急の方がはやいです。

F：じゃあ、特急で行けますか。

M：はい、行けますが、ここの駅からは出ていないので、途中、川上駅で乗り換えないといけないです。そうすると、川上駅までの300円と、白金駅までの1,800円で、2,100円ですね。

F：特急の1,800円は川上駅でまた買わないとですか。

M：いえ、ここで一度に購入いただけますよ。

F：じゃあ、お願いします。

女の人は、今ここでいくら払いますか。

4番

大学で男の学生と女の学生が話しています。男の学生はこのあとまず何をしますか。

M：ねえ、この前のポスターはどうなった。

F：ああ、それはもう印刷したよ。明日貼るつもりだけど、行ってくれる？

M：うーん。８時以降なら行けそうだけど。遅くない？

F：全然いいよ。やってくれるだけ助かるよ。

M：分かった。ポスターは研究室においてある？

F：今日到着予定なんだけど、まだ確認してないわ。

M：じゃあ、ちょうど研究室行くところだったから、見て教えるよ。

F：あ、そういえばポスターは事務室に届くようにしておいたの。それに明日貼るんだから、大丈夫よ。

M：分かった。林さんも確か明日時間あるって言ってたから、誘ってみようかな。

F：いいね。よろしくね。

男の学生はこのあとまず何をしますか。

５番

会社で男の人と女の人が話しています。女の人はこれから何をしなければなりませんか。

M：山田さん、ちょっといいかな。

F：はい、何でしょうか。

M：さっき見たらコピー用紙が少なくなっているみたいなんだけど、注文してある？

F：ああ、はい。まだ注文していないんですけど、ちょうど今朝確認したところです。多分あとで山中さんがしてくれると思います。

M：そうか。あと、先週注文したインクカートリッジは届いたかな？プリンターのインクももう残り少ないので心配で。

F：はい、もう届いています。昨日の午後、倉庫に入れておきました。

M：ありがとう。ちょっと今忙しくて、先にいくつか出しておいてくれないかな。

F：もちろんです。あと部長、先ほど計画書の方、机に置いておいたのですけど、見ていただけましたか。

M：ああ、あれ山田さんのだったか。後で見ておくよ。クライアントの約束があって。でも今日中には必ず確認できると思うから。

F：分かりました。よろしくお願いいたします。

女の人はこれから何をしなければなりませんか。

問題２

문제별 듣기

問題２では、まず質問を聞いてください。そのあと、問題用紙のせんたくしを読んでください。読む時間があります。それから話を聞いて、問題用紙の１から４の中から、最もよいものを一つえらんでください。では、練習しましょう。

例

男の人と女の人が話しています。女の人はどうして、服を買おうとしているのですか。

F：ちょっと、これ見て。この服とかユウタ似合うんじゃない。
M：また？この前買ったから別にいらないよ。
F：それは春用じゃん。そろそろ暑くなってきたじゃない。
M：そう？僕は別に十分だと思うけどな。このズボンなんか、一年中履いてるし。
F：ええ。冬とか絶対寒いでしょ。私だったらありえないわ。
M：あんまり考えたことないな。
F：この前も旅行に行くからって服選んであげたのに、結局買わなかったじゃない。
M：あれはよかったけど、ちょっと高すぎるよ。セール中だったら絶対買ったのに。
F：セールしてた時も興味なかったじゃない。少しぐらい気を使ってよ。そろそろ夏なのに、その格好だと暑苦しいわよ。
M：分かったよ。じゃあ、見せて。

女の人はどうして、服を買おうとしているのですか。

最もよいものは３番です。解答用紙の問題２の例のところを見てください。最もよいものは３番ですから、答えはこのように書きます。では、始めます。

１番

母親と高校生の女の子が話しています。女の子はどうして怒っているのですか。

F１：どうしたの。さっきからずっと機嫌悪そうじゃない。今日学校で何かあったの。
F２：先生に怒られたんだけど、私だけじゃなくて、友達も悪いのに。
F１：まあ、授業中なんかしたの。
F２：おしゃべりを少ししていたんだけど、私だけひどく叱って、一緒にしゃべっていた友達はそんなに怒られていないの。
F１：なんか理由があったんじゃない？ほかに何もしていないの？
F２：前に何回か授業中に注意されたことがあったから、それかな。
F１：普段から授業ちゃんと聞いてなかったんじゃない。それなら、先生からしたら、あなたが友達に話しかけてそうなったと思ったんじゃない。
F２：それでも、そんなに叱ることかな。
F１：あなたが悪いのは間違いないんだから、次から気をつけるようにしなさいよ。

女の子はどうして怒っているのですか。

２番

男の人と女の人が話しています。女の人はどうして男の人を呼んだのですか。

F：竹山くん、ちょっといいかな。

M：はい。どうしましたか。

F：一昨日、休憩室使ったと思うんだけど、ペットボトルが残っていて。今回は私が片付けておいたけど、次からはちゃんと捨てておいてね。

M：あ、すみません。一旦置いておいたつもりが、忘れていました。

F：休憩室も、みんなが使う場所だから、気をつけてね。それから、今日新しく入る子がいるから、よろしくね。

M：え、自分もまだ分からないことあるんですけど、大丈夫ですか。

F：竹山くんもう4か月も経ってるんだから、問題ないわよ。二人だけなのは1時間だけだから、少しの間頑張ってね。

M：そうですか。何も起こらないといいですけど。頑張ります。

F：大体のことは、伝えてあるから。それから、あとで時間空いた時に外のごみ捨てお願いしてもいいかな。私もう行かないとだから。代わりにお願い。

M：分かりました。

女の人はどうして男の人を呼んだのですか。

F：どう。昨日よりよくなった？

M：うん。聞いた感じ、前よりも内容がまとまってるね。で、気になったのは最初のところなんだけど。

F：え、やっぱりすぐに本題に入った方がいいかな。

M：あ、それは、別にいいよ。じゃなくて、グラフのところ。そんなに一個一個、数値とかは説明しなくていいんじゃないかな。

F：そうかな。私的には、次の内容にも繋がってくるから、ちゃんと理解できるように説明した方がいいかなと思ったんだけど。

M：どっちにしても、また後で似たような説明がでてくるじゃん。それに、まだ最初のほうだし。

F：そっか。じゃあちょっと修正しよっと。

M：あと、全体的に早口だったから、もう少し落ち着いて話した方がいいと思うよ。時間も1分近く余ってるし。

F：分かった。本番は緊張しそうだから、気をつけないと。

M：うん。じゃあ、もう一回やってみる？

男の人は、女の人の発表について何を指摘していますか。

3番

男の人と女の人が、発表の練習をしています。男の人は、女の人の発表について何を指摘していますか。

4番

女の人と男の人が話しています。男の人はどうして新しい携帯電話を買わないのですか。

F：ちょっと、連絡全然ないから、どこ行ったのかと思ったよ。

M：いや、実は今朝、ケータイを階段から落としちゃったんだ。画面はそこまで割れなかったんだけど、タッチがうまく出来なくなっちゃって。

F：ええ、それは大変だね。どうりでおかしいと思ったよ。

M：うん。ほんと申し訳ない。ケータイが使えないから、何もできなくて、すごく不便だよ。

F：そりゃそうよ。今からでも買いに行ったら。

M：いや、それは無理だよ。今からまたバイトだから。

F：えー。じゃあ携帯電話なしで過ごすつもりなの。

M：明日実は友達に会う予定なんだけど、その友達が前使ってたケータイがあるって言ってたから、貸してもらおうかなって。

F：え、でもそれ確実じゃないんでしょ。しかも明日までどうするの。安いやつでも買えばいいのに。

M：安いとか高いとかが問題じゃなくて、時間がないんだよ。

F：そんなこと言ってる場合じゃないでしょ。

男の人はどうして新しい携帯電話を買わないのですか。

5番

女の人と男の人が話しています。女の人はどうして釣り用具店に行くのをやめたのですか。

F：高木さん、今度の週末に、友達に釣りに誘われたんですけど、私行ったことないんです。高木さんこの前行ってたの見たから、何準備すればいいかとか聞きたいんですけど。

M：また急にですか。一旦、釣り竿とか、道具はどうするんですか。

F：そうですね。明日釣り用具売っているお店に行ってみようかと思うんですが。なにがいいとかありますか。

M：うーん、どこに行くかにもよるけど、ぼくは海しか行ったことないですから。

F：えー。それによって変わるんですか。聞いてみないと。

M：そこまで変わることはないと思うけど、一応聞いてみたらいいと思いますよ。でも、初めてなんですよね。最初から釣り竿買うってなると、ちょっと負担じゃないですか。値段もものによって結構しますし。

F：えー。そうなんですか。じゃあ、どうしましょう。

M：一緒に行く友達に借りたらどうですか？いくつか持ってるはずですよ。

F：多分持ってます。ちょっと聞いてみます。

M：初めてなので、あまり負担がない方がいいと思いますよ。後は、暑さ対策とかをしっかりしたほうがいいですね。

F：なるほど、それぐらいだったら当日準備しても十分ですね。やっぱり明日お店に行くのやめます。

女の人はどうして釣り用具店に行くのをやめたのですか。

6番

男の人と女の人が話しています。男の人はどうしてエアコンを設置したくないのですか。

M：最近、暑くなってきたよね。

F：うん。外に出るの嫌になっちゃう。

M：それでさ、僕最近一人暮らし始めたじゃん？部屋にエアコンを設置しようか悩んでるんだ。

F：え、エアコンなかったんだ。で、どんなのを考えてるの？

M：具体的には決めてないんだ。どんな種類があるのかもよく分からなくて。

F：なるほど。壁掛けエアコンが一般的だよね。私の部屋にあるのもそれだし。設置費用はかかるけど、冷房効果が高いし、長持ちするのがメリットかな。

M：そっか。なるべく安く抑えたいんだけどな。

F：窓用エアコンっていうのもあるよ。設置が簡単で、自分でもできると思うよ。でも、壁掛けのタイプと比べて、冷房能力が少し劣るらしいし、電気代も少しかかるって聞いたよ。

M：そう？じゃあ設置にお金がかからなくても結局意味ないんじゃない？

F：でも、また引っ越しするってなったら取り外しも簡単だし、いいんじゃない？

M：そうかな。やっぱり、今年の夏はエアコンなしで耐えてみようかな～。

男の人はどうしてエアコンを設置したくないのですか。

問題３

문제별 듣기

問題３では、問題用紙に何もいんさつされていません。この問題は全体としてどんな内容かを聞く問題です。話の前に質問はありません。まず話を聞いてください。それから、質問とせんたくしを聞いて、１から４の中から、最もよいものを一つえらんでください。では、練習しましょう。

例

テレビでアナウンサーが話しています。

M：皆さんはインターネットショッピングをよく利用しますか。最近はアプリで注文すると、翌朝には自宅に届くようなサービスもあるようです。スマートフォンの普及によって、ますます使用が拡大しているとのことです。20代から60代にかけての人々を対象に調査した結果、「次の日には届くので晩ごはんの材料をよく買っている」「近所のスーパーにはない商品が売っている」「愛犬のおもちゃの種類が多様だ」などの意見が寄せられました。

インターネットショッピングのどのようなことについての調査ですか。

1．注文する方法
2．注文する時間帯
3．注文する品物の種類
4．注文する世代

最もよいものは３番です。解答用紙の問題３の例のところを見てください。最もよいものは３番ですから、答えはこのように書きます。では、始めます。

１番

テレビで女の人が話しています。

F：最近、なんだか体が重いなって感じること、ありませんか。特に社会人になると、運動不足になりがちです。そこで、日ごろから体を動かす習慣を身に付けることが大事です。このジムは、施設がとても充実していて、最新のマシンや広々とした空間で心地よく効率的にトレーニングができるんです。特に私のお気に入りはプールです。仕事帰りに軽く泳ぐだけでも、リフレッシュできて最高です。健康的な生活を始めるなら、ここ、本当に最適です。

女の人は何について話していますか。

1．健康的な生活の重要性
2．おすすめジムの紹介
3．ジムの利用方法
4．プールでのトレーニング方法

２番

ラジオで男の人が話しています。

M：マレーシアのコタキナバルは、世界３大夕日スポットの一つに数えられています。海に沈む夕日で赤く染まる水平線を眺める30分間は、本当に感動的です。その30分のためだけにコタキナバルを訪れてもいいと言っても過言ではないでしょう。夕日はただ眺めるだけでなく、写真を撮るのにも絶好の機会です。プロの写真家でなくても、スマートフォン一つで驚くほど美しい写真が撮れます。友人や家族と一緒に写真を撮れば、その瞬間が一生の思い出として残るでしょう。

男の人は何について話していますか。

1．海外旅行に行くべき理由
2．夕日が見られる時間帯

3．景色がきれいな観光スポット

4．夕日の写真の撮り方

3番

農業体験の会場で男の人が話しています。

M：サツマイモは比較的育てやすい作物ですが、いくつかのポイントを押さえると、より美味しいサツマイモが収穫できます。まず、植える場所ですが、日当たりが良く、水はけの良い場所が理想です。苗を植える際は、間隔を30センチほど空けて、根がしっかり張るように植えつけるのがポイントです。水やりは、植え付け直後にはしっかりと行い、その後は控え目にします。サツマイモは乾燥に強いので、水をあげすぎると根が腐る原因になります。そして収穫は約４～５ヶ月後の、葉が黄色くなり始めたタイミングでしてください。

男の人の話の内容は、主にどのようなことですか。

1．美味しいサツマイモの見分け方

2．サツマイモの収穫過程

3．サツマイモを植えるのに最適な時期

4．サツマイモの掘り出し方

4番

ラジオで女の人が話しています。

F：先日、地元のコーヒー教室に参加してきたんですけど、それがとても興味深かったんですよ。コーヒー豆のローストって、実はとても繊細で奥深いんです。例えば、同じ豆でもローストで熱する時間が短いと、フルーティーな酸味が強調されて、長くすると苦味が際立つといった具合です。実際にロースティングの体験もできました。専用の機械に生の豆を入れて、温度を調整しながら熱していくんです。豆の色や香りが変化する様子を観察しながら、最適なタイミングを見極めるのは難しい作業でしたが、楽しかったです。

女の人は何について話していますか。

1．コーヒーの味の変化

2．コーヒー豆をロースティングした経験

3．コーヒーの正しい温度の調整方法

4．コーヒー豆を選ぶ際のアドバイス

5番

学校の会議で先生が話しています。

F：今回、中学生を対象に「読書と学力」に関するアンケート調査を行ったんですが、「ほぼ毎日読書をしている」と答えた生徒のほうが、「勉強するのが楽しい」と答える割合が高くなっていました。えー、それから、読書量が多い生徒ほど、文章理解力や語彙力も高いということもわかりました。そこで、新しい教育プログラムの開発にはこの結果を取り入れ、読書習慣を促進するカリキュラムや、読書の楽しさを伝えるイベントの開催を進めていくのがいいと思います。

先生は何について話していますか。

1. 調査結果に基づいた提案
2. アンケート結果の信頼性
3. 読書を推奨するプログラムの成果
4. 学生の集中力を調査した結果

問題4

문제별 듣기

問題4では、問題用紙に何もいんさつされていません。まず文を聞いてください。それから、それに対する返事を聞いて、1から3の中から、最もよいものを一つ選んでください。では、練習しましょう。

例

F：田中さん、来週の会議の準備は進んでいますか？

M：1. まだ先週の準備が終わっていません。
　　2. 来週の会議は何のためにしますか。
　　3. ええ、準備は順調に進んでいます。

最もよいものは3番です。解答用紙の問題4の例のところを見てください。最もよいものは3番ですから、答えはこのように書きます。では、始めます。

1番

F：来月の企画のテーマはもう決まりましたか？

M：1. はい、すでに決まっています。
　　2. いいえ、まだテーマは始まっていません。
　　3. それが、計画の確認は不要です。

2番

M：明日の送別会、参加できますか？

F：1. 申し訳ありませんが、参加資格を確認させていただきます。
　　2. はい、もちろん。問題ありません。
　　3. 送別の理由を教えていただけますか？

3番

F：会議の資料、全部印刷してくれた？

M：1. はい、すぐに取りに行きます。
　　2. まだですが、今印刷中です。
　　3. 全部デジタルで送付しました。

4番

M：この新しいアプリ、どう思いますか？

F：1．少し使いにくいですが、慣れれば問題ないです。
2．私はアプリの専門家ではありません。
3．新しいアプリを使う必要性なんですよね？

5番
F：今日、雨降るって聞いてなかったよ。

M：1．天気予報では晴れだったのにね。
2．どうりで降らないわけだね。
3．明日こそ雨降りそうだね。

6番
M：期末課題の進み具合はどう？

F：1．うーん、具合が悪くて早退しようと思う。
2．状況が詳しくわかったら伝えるね。
3．うん、まあまあ順調だと思う。

7番
F：こちらのお弁当、丼なのでスプーンもお付けしますか。

M：1．はい、けっこうです。
2．いいえ、お付けしないでいいですね。
3．はい、お願いします。

8番
M：このデザイン、もう少し修正が必要ですね。

F：1．すみません、すぐに修正します。
2．修正の必要はないと言ってました。
3．デザインの修正は誰が担当しますか？

9番
F：おかしいなあ。棚の中にしまったはずなんだけど。

M：1．よく探してみた？僕もこないだ棚にあるの見たよ。
2．いや、確か開いているはずだよ。
3．中に入ってみるといいかもしれないね。

10番
M：ピラティス、おすすめだよ。始めてみたら？

F：1．はい、遠慮せずにどうぞ。
2．ありがとうございます。嬉しくなりました。
3．どうも運動はちょっと…。

11番
F：次の出張は私に行かせていただけませんか。

M：1．そうだな。新人に行かせるといいね。

2．そうか。じゃあ、やってもらおう。

3．そうなの？じゃあ、僕がやってあげるね。

問題5 **問題5では、長めの話を聞きます。この問題には練習はありません。問題用紙にメモをとってもかまいません。**

문제별 듣기

1番、2番

問題用紙に何もいんさつされていません。まず話を聞いてください。それから、質問とせんたくしを聞いて、1から4の中から、最もよいものを一つ選んでください。では、始めます。

1番

会社の休憩室で男の人と女の人が話しています。

F：山本さん、顔色あまりよくないですね。最近ちょっと無理し過ぎなんじゃないですか。

M：そう？僕、最近目の疲れと肩こりがひどくて。おすすめのマッサージ屋、知らない？会社から近くて、退勤後の7時くらいに行けるところがいいんだけど。

F：そうですね。「リフレッシュ」という店が会社から10分くらいのところにありますよ。以前行ったことがありますが、リラックス効果が高くて、料金も手頃です。ただ、7時に行くなら予約が必要かもしれません。

M：そっか。予約がいらないところはないかなあ。残業すると、行けなくなっちゃうかもしれないから。

F：マッサージ屋ではないですが、会社の近所に新しい温泉施設がオープンしたそうですよ。私はまだ行ったことないんですが、ホームページを見る限り、結構よさそうでした。あとは、施設内にある岩盤浴はどうですか。温泉に入ってから、冷たい牛乳を飲んで岩盤浴、いいと思いますよ。

M：それはいいね。でも、料金はちょっと高めかな？

F：そうですね。新しい施設だから高いかもしれないですね。

M：やっぱりそうか。

F：それより、会社の休憩室にもマッサージ機はあるじゃないですか。しかも、無料で使えますよ。

M：それも考えたんだけど、先週から修理に出してるらしいんだ。今回は安いところに行ってみることにするよ。いろいろ教えてくれてありがとう。

男の人はどこに行くことにしましたか。

1．マッサージ屋

2．温泉施設
3．岩盤浴
4．会社の休憩室

2番

学校で学生と先輩二人が話しています。

M1：先輩、最近卒業後の進路のことで悩んでいるのですが、アドバイスいただけないでしょうか。大学院に進学しようか迷っているんです。

F：そうなの。どんなことが研究したいと思ってるの？

M1：それはまだ決まっていなくて…。

M2：大学院に進むなら、まずは何が勉強したいのか、どんなことを研究しようと思っているのか、考えてみることが重要だと思うなあ。うちの学校には、授業以外にもいろいろなプログラムがあるって知ってる？

M1：え、それはどんなプログラムですか。

F：授業外プログラムといって、進路のことについて相談したり、グループワークをしたりするプログラムもあるし、英語や第二外国語を学ぶプログラムもあるわよ。あとは、これ。応用研究プログラム。

M1：応用研究プログラム？

M2：うん、授業で習った専攻科目をもっと深く学ぶためのプログラムなんだ。

F：もし今やっている専攻の授業がおもしろいなら、そのプログラムに参加してから、進路関係のプログラム、例えば、進路相談プログラムとか、職業探索グループワークとかに参加するといいと思うなあ。

M2：僕は学部４年生の時に、論文添削ワークショップにも参加していたなあ。懐かしい。

M1：いろいろアドバイスいただき、ありがとうございます。まずは今勉強していることについて深めてみようと思います。早速、ホームページをチェックしてみますね。

後輩の学生は、どのプログラムに参加することにしましたか。

1．進路相談プログラム
2．職業探索グループワーク
3．応用研究プログラム
4．論文添削ワークショップ

3番

まず話を聞いてください。それから、二つの質問を聞いて、それぞれ問題用紙の１から４の中から、最もよいものを一つ選んでください。では、始めます。

3番

料理教室で先生が説明しています。

M1：今日は、夏にぴったりのさっぱりとした和食レシピを紹介します。この時期、暑さで食欲が落ちることも多いですよね。でも、今日ご紹介するレシピは、そんなときでも食べやすく、栄養もたっぷりです。まずは、「冷やしそうめん」です。夏の定番料理ですが、つゆは市販のものに少し昆布を加えると、風味が一段とよくなりますよ。野菜やツナ、卵を薄く焼いたものなどをトッピングしても、彩りがよくなっていいですよ。次に、「鶏肉の南蛮漬け」をご紹介します。揚げた鶏肉を甘酸っぱいタレに漬け込むこの料理は、冷蔵庫で冷やしてから食べると、さわやかな酸味が口いっぱいに広がり、夏にぴったりです。タマネギやピーマンを加えると、野菜も一緒に摂れて栄養バランスも良くなります。それから、「冷やし茶碗蒸し」をご紹介します。茶碗蒸しは温かい料理のイメージが強いですが、冷やして食べると一味違います。具材は、エビやホタテを使うと、さっぱりとした味わいになります。最後に、「ピリ辛たたききゅうり」です。きゅうりを包丁で軽くたたいて、少し辛いたれに漬けて、冷蔵庫に冷やしておきます。食欲がないときも、辛さがアクセントになって、箸が進むこと間違いなしです。みなさんはどんな料理が作ってみたいか、決めてください。

F：どれもおいしそうよねえ。あなたは何が作ってみたい？

M2：僕は料理が苦手だから、簡単なものがいいなあ。麺料理ならゆでて冷ますだけだから、僕にもできそう。

F：そうね。いいんじゃない？

M2：でも、せっかくお金払って習うなら、僕が好きな料理の方がいいかな。肉料理にしよう。それなら今度家でも作って食べる気になりそうだし。

F：いいね。野菜も一緒に摂れるみたいだし。私はこれかな。冷蔵庫で冷やして食べるっていうのがおもしろい。

M2：いいと思う。

F：でも、私具材がちょっと悩むなあ。海鮮、苦手なんだよね。

M2：そっか。なら鶏肉を使ってもいいか、聞いてみたら？

F：分かった。そうする。でも、私が食べなくてもレシピだけ習って帰ってもいいから。もし材料変えられなかったら、あなたが試食してよ。

M2：もう、しょうがないなあ。

質問1．男の人は、何を作ることにしましたか。

質問2．女の人は、何を作ることにしましたか。

정답

언어지식(문자·어휘·문법)·독해

문제					
문제1	1	2	3	4	5
	3	1	1	2	4
문제2	6	7	8	9	10
	3	1	2	3	2
문제3	11	12	13		
	1	4	2		
문제4	14	15	16	17	18
	3	2	1	1	4
	19	20			
	4	1			
문제5	21	22	23	24	25
	3	2	2	1	4
문제6	26	27	28	29	30
	1	2	1	4	3
문제7	31	32	33	34	35
	1	2	3	2	4
	36	37	38	39	40
	1	1	3	1	2
	41	42			
	1	4			

문제					
문제8	43	44	45	46	47
	3	4	3	2	1
문제9	48	49	50	51	
	1	4	2	4	
문제10	52	53	54	55	56
	3	4	2	3	1
문제11	57	58	59	60	
	3	2	3	4	
	61	62	63	64	
	1	1	4	2	
문제12	65	66			
	3	4			
문제13	67	68	69		
	1	2	1		
문제14	70	71			
	2	4			

청해

문제					
문제1	1	2	3	4	5
	2	4	4	3	1
문제2	1	2	3	4	5
	3	1	2	4	1
	6				
	4				
문제3	1	2	3	4	5
	1	2	1	3	2

문제					
문제4	1	2	3	4	5
	1	1	3	2	2
	6	7	8	9	10
	2	1	1	2	3
	11				
	2				
문제5	1	2	3		
			(1)	(2)	
	3	2	4	3	

전체 듣기

청해 스크립트

問題１

문제별 듣기

問題１では、まず質問を聞いてください。それから話を聞いて、問題用紙の１から４の中から、最もよいものを一つえらんでください。では、練習しましょう。

例

図書館で司書と学生が話しています。学生はこれから何をしますか。

M：この本、今貸し出し中みたいなんですが、予約できますか？

F：はい、予約はできます。図書館のウェブサイトから予約することができますよ。

M：図書館のウェブサイトですね。スマートフォンからでもできますよね？

F：はい、パソコンでもスマホでもどちらからでもできます。予約が完了すると、メールでお知らせが届くので、確認してください。お知らせが届いてから３日以内に来館するようお願いいたします。

M：わかりました。誰でも予約できるんですか。

F：事前登録が必要なのですが、本大学の学生でしたら、１階の受付カウンターで学生証を提示してください。係の者が案内します。

M：はい、わかりました。まだできていないので、そうします。ありがとうございます。

学生はこれから何をしますか。

最もよいものは３番です。解答用紙の問題１の例のところを見てください。最もよいものは３番ですから、答えはこのように書きます。では、始めます。

１番

店で男の人と女の人が話しています。女の人はこの後何をしますか。

M：すみません、このカメラを見せてもらえますか？

F：はい、こちらの最新モデルですね。機能も多くて、人気商品です。使いやすくて、初心者の方にもおすすめですよ。

M：なるほど。でも、もう少し安いものも探しているんですが、ほかに何かありますか？

F：そうですね。それでしたら、こちらのモデルはいかがでしょうか？少し前のモデルですが、価格もお手頃で、機能も十分です。

M：あ、これもいいですね。でもこれ、ケースはついてますか。

F：一応含まれてますけど、専用のものが別売りでもございます。よく持ち運ぶなら、おすすめします。

M：ちょっと見てもいいですか。

F：はい、お持ちしますね。あ、予備のバッテリーもありますが。

M：もうちょっと考えたいので、それは一旦いいです。

女の人はこの後何をしますか。

2番

大学で女の学生と男の学生が話しています。女の学生はこのあと最初に何をしなければなりませんか。

M：どう？準備進んでる？

F：うーん、まだプレゼンの資料が全部揃ってないんだよね。でも、あと少しだから、今日中には完成させるつもり。

M：そっか。じゃあ、それが終わったら、練習しない？

F：うん、いいね。でも、スライドも作らないといけないんだけど。

M：スライドは僕が作るよ。テキストの部分は山田さんがもう書いておいたって言ってた。

F：助かる！じゃあ、私は画像をいくつかピックアップしておくよ。

M：了解。先に資料集めるの終わらせてからにしてね。それと、リハーサルの日程を決めておかないといけないから、みんなに連絡しといてくれる？

F：うん、わかった。忘れないうちにしておかないと。

M：あ、忙しいよね？やっぱ僕がしておくよ。

女の学生はこのあと最初に何をしなければなりませんか。

3番

男の先生と留学生が話しています。留学生はこのあと何をしなければなりませんか。

M：この前の面接練習、どうだった？

F：あ、多分うまくいったと思います。でも、先生にもう一度見てもらいたくて…。こんな感じです。

M：うん、前回よりはよくなってるね。ただ、自己紹介の部分が少し長いかな。もっと短く、ポイントを絞って話したほうが印象が良くなるよ。

F：そうですか。じゃあ、もう一度考えてみます。

M：あと、質問に対してもう少しはっきり答える練習をしたほうがいいね。特に、自分の強みをアピールするところとか。実際の経験をもう少し追加できるといいかな。

F：わかりました。でも、全部入れると長くなってしまわないか心配です。

M：もちろん、長すぎると内容が伝わりづらいけど、構成がしっかりしてるといいね。それに、長かったら、二つの答えに分ければいいし。

F：なるほど。ちょっと参考にして直してみます。

留学生はこのあと何をしなければなりませんか。

4番

映画館の窓口で男の人が料金について聞いています。男の人は全部でいくら支払いますか。

M：すみません、大人２枚なんですが、料金はいくらですか？

F：大人のチケットは一人1,300円になります。

M：あのう、このシニア料金ていうのは何ですか。

F：はい、シニアの方は1,000円になります。60歳以上の方が対象となっております。

M：あ、父が65歳なので、いけますね。

F：はい。では、合計で二名様で間違いないでしょうか。

M：それと、ポップコーンセットも一つお願いします。

F：セットはMサイズとＬサイズがございますが。それぞれ800円、1,000円です。

M：じゃあ大きいのでください。

F：かしこまりました。

男の人は全部でいくら支払いますか。

5番

家で男の人と女の人が話しています。女の人はこのあとまず何をしなければなりませんか。

M：明日のピクニックの準備、どこまで進んでる？

F：まだほとんど手をつけてないの。お弁当の食材を買わなきゃいけないんだけど、他に何か必要なものあったかな？

M：うーん、サンドイッチとおにぎりをメインにするって言ってたよね。それに果物と、飲み物もいくつか揃えておいたほうがいいかな。

F：あ、そうだね。飲み物は、お茶でいいかな？それともジュースも必要？

M：ジュースもあったほうがいいかもね。他の子どもたちも来るし、選べるようにしておいたほうがいいと思う。あと、レジャーシートとか椅子もちゃんと用意してある？

F：レジャーシートは家にあるから大丈夫。でも、椅子が足りないかも。買わないといけないかな。

M：別に借りればいいんじゃない。佐藤さんがキャンプ好きだから、持ってると思う。

F：じゃあ、ちょっと聞いてみて。私はお弁当でいっぱいいっぱいだわ。

女の人はこのあとまず何をしなければなりませんか。

問題2

문제별 듣기

問題2では、まず質問を聞いてください。そのあと、問題用紙のせんたくしを読んでください。読む時間があります。それから話を聞いて、問題用紙の1から4の中から、最もよいものを一つえらんでください。では、練習しましょう。

例

男の人とと女の人が話しています。女の人はどうして、服を買おうとしているのですか。

F：ちょっと、これ見て。この服とかユウタ似合うんじゃない。

M：また？この前買ったから別にいらないよ。

F：それは春用じゃん。そろそろ暑くなってきたじゃない。

M：そう？僕は別に十分だと思うけどな。このズボンなんか、一年中履いてるし。

F：ええ。冬とか絶対寒いでしょ。私だったらありえないわ。

M：あんまり考えたことないな。

F：この前も旅行に行くからって服選んであげたのに、結局買わなかったじゃない。

M：あれはよかったけど、ちょっと高すぎるよ。セール中だったら絶対買ったのに。

F：セールしてた時も興味なかったじゃない。少しぐらい気を使ってよ。そろそろ夏なのに、その格好だと暑苦しいわよ。

M：分かったよ。じゃあ、見せて。

女の人はどうして、服を買おうとしているのですか。

最もよいものは3番です。解答用紙の問題2の例のところを見てください。最もよいものは3番ですから、答えはこのように書きます。では、始めます。

1番

男の学生と女の学生が話しています。男の学生はどうして昨日隣の部屋の人に怒られたと言っていますか。

M：昨日、隣の部屋の人にまた怒られちゃってさ。

F：え、何があったの？

M：昨日、レポートを書いてたんだけど、集中しすぎて夜中に椅子を引いた音が結構大きくなっちゃったんだ。それで、隣の人が壁を叩いてきたんだよ。

F：ああ、それは夜中だと気になるかもね。隣の人って、前にも何か言ってきたことあったの？

M：うん、前にも夜遅くに掃除機かけてたら怒られたことがあるんだ。最近は気をつけてるんだけど、昨日はうっかりしてたんだよね。

F：なるほど。それなら、下にカーペットとか敷いてみたら？音が少しはましになるかもよ。

M：そうだね、それいいかも。試してみるよ。

男の学生はどうして昨日隣の部屋の人に怒られたと言っていますか。

2番

男の学生と女の学生がアルバイトについて話しています。男の学生はどうして今のアルバイトが気に入っていると言っていますか。

F：中村君、ずっと同じアルバイト続けてるよね。時給もそこそこだって言ってたし、どうしてそんなに気に入ってるの？

M：うん、結構気に入ってるんだよね。まず、シフトを自分の好きな時間に入れやすいのが大きいかな。授業や試験のときも調整しやすいんだ。

F：それはいいね。アルバイトって、シフトがきつくなること多いし。

M：そうそう。それに、職場の雰囲気がすごくいいんだよ。みんな仲が良くて、先輩たちも親切だし、仕事終わりに飲みに行ったりもするんだ。

F：へえ、いいね。でも、仕事自体は大変じゃないの？

M：まあ、接客業だから時々忙しいときはあるけど、慣れたらそんなに大変じゃないよ。それに、働きやすい環境だと、忙しいときも楽しく感じるんだよね。

F：なるほど。じゃあ、一緒に働くのが楽しいって感じなんだ。

M：うん、それが一番の理由かも。お金だけじゃなくて、やりがいも感じられるしね。

F：いいなあ、私もそんなアルバイト見つけたいな。

男の学生はどうして今のアルバイトが気に入っていると言っていますか。

3番

男の人と女の人が話しています。キャンプ場が変更になった理由は何ですか。

F：来週のキャンプ、場所変わったって聞いたけど、どうして？

M：うん、その日、ちょうどいろんな事情が重なっちゃってね。予約もなんかうまくいかなくて、結局違うところにしたんだ。

F：予約が？何かトラブルがあったの？いっぱいだったとか？

M：いや、トラブルっていうほどでもないんだけどさ…。ほら、あそこの管理人さん、ちょっと変わってるって聞いたことない？その、いろいろ手続きが複雑でさ。それにあそこ、クマが出たことあるって言うし…。

F：え、クマ出たのはそこだったっけ？じゃあ、新しい場所はもう決まってるんだよね？

M：うん、決まったよ。ちょっと急だったけど、海沿いの別のキャンプ場にした。まあ、今回はそれでいいかなって。

F：そうなのね。まあ、ここ最近海行ってなかったし、逆によかったかも。

M：うん。結構穴場で、人もあんまりいないと思う。

キャンプ場が変更になった理由は何ですか。

4番

電話で女の学生と男の学生が話しています。男の学生はどうして今日部活に来られないのですか。

F：もしもし、山本君？今日の部活、来られないって聞いたんだけど。

M：ああ、悪いけど、今日はどうしても行けないんだ。

F：え、どうしたの？風邪とか？

M：いや、実は今朝からおじいちゃんが急に倒れちゃって、病院に連れて行くことになって。病院で検査が終わるまで付き添わなきゃならなくてさ。

F：それは大変だね…。大丈夫なの？

M：うん、意識はあるし、今のところは大きな問題はないみたいだけど、まだ詳しい検査結果が出てないんだ。だから、急にどうなるかもわからないし、家族で交代で付き添うことになったんだよ。で、今日は俺の番ってわけ。

F：そっか、それなら仕方ないね。でも、病院にずっといるの？

M：うん、そうなんだけど、家の方も色々あって。ちょうど親が出かけてて、俺がいないと色々回らないっていうか。だから、今日はどうしても両方こなさなきゃならなくてね。

F：家のことも？大変だね。試合前だからみんな心配するだろうけど、仕方ないね。

M：本当に申し訳ない。でも、明日にはなんとか行けると思うから、今日の練習内容を後で教えてくれると助かるんだけど。

F：うん、もちろん。今日は無理しないで。

男の学生はどうして今日部活に来られないのですか。

5番

男の人と女の人が、あるイベントについて話しています。男の人はこのイベントの何がよかったと言っていますか。

M：先週、すごい面白いイベントに行ってきたんだよ。参加者が自分の特技とか趣味を共有するワークショップ形式のイベントだったんだ。

F：へえ、それってどんな感じでやるの？

M：参加者は全員素人なんだよ。料理やアート、スポーツなんかを自分なりに楽しんでる人たちが集まるんだ。でも、面白いのは、単に見たりするんじゃなくて、誰でも参加できるってところなんだよ。

F：面白そうね。何かしてみた?

M：僕がしたのは、演劇のワークショップ。最初は恥ずかしかったけど、進行役がすごく上手くて、少しずつみんなリラックスしてきて。最終的には、完全に即興でお芝居を作ることになったんだ。

F：それ、かなり難しそうじゃない？緊張しなかった?

M：緊張はしたけど、周りの人たちもみんな初心者だから、その場の空気がすごく温かくてね。失敗しても笑ってくれるし、逆に、それが面白いって感じになるんだ。それに、初めて会った人たちと一緒に何かを作り上げるって経験が、すごく新鮮だった。

F：すごいね。今度またあったら私も行ってみようかな。

男の人はこのイベントの何がよかったと言っていますか。

6番

男の人と女の人が、引っ越しについて話しています。二人は引っ越しをいつ終わらせる予定ですか。

F：どう？順調に進んでる？

M：うん、家具はほとんど運び終わったんだけど、まだ台所の細かいものとか、クローゼットの整理が残ってて、思ったより時間がかかってるんだよね。

F：そうなんだ。台所って、食器とか調味料とかいろいろ多いから時間かかりそうだよね。でも、明日の午後には完全に移りたいんでしょ？

M：そうなんだよね。でも、今夜中に全部まとめてしまわないと、明日の午前中に引っ越し業者が来るし、その後インターネットの設置もあるから、時間に余裕がなくて焦ってる。

F：インターネットの設置って、時間かかるんじゃない？早く片付けを終わらせないと大変だね。

M：そう、だから今夜はできるだけ作業を進めたいんだ。あと数時間はかかると思うけど、手伝ってくれたら、もっと早く終わるかも。

F：じゃあ、私も手伝うよ。台所を片付けるから、あなたはクローゼットの方をお願い。二人でやれば、夜までには終わりそうだね。

M：本当に助かるよ！それなら、予定通りに引っ越し完了できそうだ。

二人は引っ越しをいつ終わらせる予定ですか。

問題３

문제별 듣기

問題３では、問題用紙に何もいんさつされていません。この問題は全体としてどんな内容かを聞く問題です。話の前に質問はありません。ま

ず話を聞いてください。それから、質問とせんたくしを聞いて、１から４の中から、最もよいものを一つえらんでください。では、練習しましょう。

例

テレビでアナウンサーが話しています。

M：皆さんはインターネットショッピングをよく利用しますか。最近はアプリで注文すると、翌朝には自宅に届くようなサービスもあるようです。スマートフォンの普及によって、ますます使用が拡大しているとのことです。20代から60代にかけての人々を対象に調査した結果、「次の日には届くので晩ごはんの材料をよく買っている」「近所のスーパーにはない商品が売っている」「愛犬のおもちゃの種類が多様だ」などの意見が寄せられました。

インターネットショッピングのどのようなことについての調査ですか。

1．注文する方法
2．注文する時間帯
3．注文する品物の種類
4．注文する世代

最もよいものは３番です。解答用紙の問題３の例のところを見てください。最もよいものは３番ですから、答えはこのように書きます。では、始めます。

１番

男の人と女の人が玄関で話しています。

M：こんにちは。宅配便です。

F：はい、わざわざすみません。何か大きな箱が届いたんですけど、私が注文したものではないと思いまして…。

M：少し確認させていただきます。大変失礼いたしました。昨日こちらに荷物を届けに来たんですけど、私の手違いで配達先を間違えてしまいまして…。ご近所さん宛ての荷物をこちらに置いてしまったようです。

F：ああ、そうなんですね。私、昨日は家にいなかったもので、ついさっき確認して。どうしようかと思ってたところなんです。今お持ちしましょうか。

M：助かります。すみません、わざわざ。

F：いえいえ。ちょっとお待ちください、今持ってきますね。

男の人は何をしに来ましたか。

1．宅配便の配送を確認するため
2．近所の人からの苦情を伝えるため
3．宅配便を直接渡すため
4．荷物のあて名の間違いを直してもらうため

２番

テレビで医者がインタビューに答えています。

F：大学生や社会人になってから、肩こりや腰痛が気になる人が増えていると思いますが。

M：そうですね。デスクワークや長時間のスマートフォンの使用が主な原因になっています。同じ姿勢を長時間続けることで、血流が悪くなり、筋肉が硬くなってしまうんです。特にパソコンの画面を長時間見ていると、自然と姿勢が前かがみになりますよね。これが首や肩に負担がかかりやすくなるんです。なので、1時間ごとでもいいので体を動かすことが大切です。それから、机の高さやモニターの位置などを調整して、姿勢が自然に保てるようにすることも重要です。

医者は、何の話をしていますか。

1．運動不足による免疫力の低下
2．肩や腰などへの負担の減らし方
3．正しい姿勢の保ち方
4．パソコンが目に与える影響

3番

レポーターが女の人にＤＩＹについて聞いています。

M：こんにちは。最近ＤＩＹに熱中されていると聞いたんですが。どんなものを作っているんですか？

F：はい。最近は、リビングの棚を自分で作ってみました。市販の棚だとどうしてもサイズが合わなくて、それなら自分で作ってしまおうと思ったんです。

M：すごいですね。ＤＩＹ初心者だと難しそうですが、作るのは大変じゃなかったですか？

F：最初は大変でしたよ。長さを測ったり、道具を揃えたり、時間もかかりました。でも、慣れてくると楽しいんですよ 。特に、自分の家にぴったりのものを作れるっていうのが大きな魅力ですね。

M：そうなんですね。あ、こちらがその作られた棚ですね。

F：すっきりしたデザインにして、壁に取り付けられるようにしました。下には植物も置けるスペースも作ったので、見た目にもこだわりました。

M：なるほど。それに、自分で作ると愛着も湧きますよね。

F：本当にそうなんですよ。次は、庭のフェンスを作ろうかなと思っています。

女の人は、ＤＩＹについてどう思っていますか。

1．自分が求めているものを作れる
2．自分で作った方が値段をおさえられる
3．自分で作ったものしか使えない
4．自分で作れるようになるには時間がかかる

4番

ラジオで女の人が話しています。

F：少し前に、田舎に引っ越してきたんですけど、やっぱり最初はちょっと心配だったんです。都会の便利さに慣れていましたし、周りに知り合いもいなかったですから。移動は車がないと不便で、買い物に行くにも車で30分かかるんですよ。そういうところはちょっと不便ですね。それに、都会の友達とも以前のように気軽に会えなくなってしまって、孤独を感じることもあります。でも、その分、時間の使い方を見直すきっかけにもなりましたね。なにより、自然が豊かなところはいいですね。最近では自分で家庭菜園を始めてみたりと、いろいろと新しいことにも挑戦しています。

女の人は田舎での生活がどうだと言っていますか。

1．買い物ができなくて不便だ
2．知り合いを作るのが難しい
3．都会よりは少しさみしいが、自然が豊かだ
4．交通渋滞が多いのが大変だ

5番

会社で男の人と女の人が話しています。

M：中村さん、少し時間あるかな。

F：はい、大丈夫です。

M：実は、今度の新製品の開発チームに参加してもらえないかと考えているんだ。中村さんの技術やアイデアがすごく役に立つと思ってね。どうかな？

F：本当ですか？すごく興味はありますけど、今のプロジェクトもまだ終わっていなくて、同時に進めるのは少し難しいかもしれないです。

M：そうだね、今も忙しいだろうけど、新製品の開発は会社がかなり期待していて。だから、できるだけ早い段階で優秀なメンバーを集めたいそうなんだ。

F：なるほど。でも今のプロジェクトも重要な時期なので、両方を同時にこなせるか少し不安です。

M：それなら、今のを他のメンバーに手伝ってもらうようにしたら、無理に負担をかけることはないと思うけど。

F：そうなんですね。それなら少し前向きに考えられるかもしれません。ただ、やっぱりどちらにも全力で取り組みたいので、時間のバランスが難しいかもしれませんね…。では、今のプロジェクトの進捗状況を確認しながらもう少し検討させもらってもいいですか。

M：分かった。それじゃあ、また後日詳しく説明するから、その時に考えを聞かせてくれればいいよ。

女の人は男の人の提案についてどう思っていますか。

1．他の仕事が忙しいし、あまり関心のある分野ではない
2．してみたい気持ちはあるが、時間的に難しそうだ
3．してもいいが、一人だけではできなさそうだ
4．自分の能力に自信がないので、あまりしたくない

問題４

문제별 듣기

問題４では、問題用紙に何もいんさつされていません。まず文を聞いてください。それから、それに対する返事を聞いて、１から３の中から、最もよいものを一つ選んでください。では、練習しましょう。

例

F：田中さん、来週の会議の準備は進んでいますか？

M：1．まだ先週の準備が終わっていません。
　　2．来週の会議は何のためにしますか。
　　3．ええ、準備は順調に進んでいます。

最もよいものは３番です。解答用紙の問題４の例のところを見てください。最もよいものは３番ですから、答えはこのように書きます。では、始めます。

１番

F：今週のミーティングの会議室のことだけど、予約しといてもらえるかな？

M：1．ええ、かしこまりました。
　　2．いいえ、まだ予約できていません。
　　3．あれ？それはおかしいですね。

２番

M：なかなかアイデアが浮かばないんですよ。何かいい方法ありませんか。

F：1．まずは何でもいいからメモしながら整理してみたら？
　　2．そうなの？私にもぜひ教えてほしいな。
　　3．うん、それが結構アイデアに役立つのよ。

３番

F：ＳＮＳで話題のレストラン、行ってみたけど、味はまあまあだったね。

M：1．へえ、だから話題なんだね。
　　2．えー、そんなにおいしかったの？
　　3．そっか、じゃあ何で話題なんだろう。

４番

M：部長、こないだ故障したノートパソコン、これ以上は修理できなくて、新しく

買い替えるしかないそうです。

F：1．あ、まだ買い替えなくてもいいの？
　　2．なら、新しいの見積もり取ってみて。
　　3．じゃあ、修理に出しといてくれるかな？

5番

F：リーさんが書いた日本語のレポート、読んでみたけど、ここの漢字だけ間違えてるよ。

M：1．漢字が完璧で安心しました。
　　2．はい、すぐに直します。
　　3．漢字以外の間違いはどこにありますか。

6番

M：お、髪の毛の色、変えたの？似合ってるね。

F：1．やっぱりこの色、変だよね？
　　2．そうそう。ちょっとだけ変えてみたの。
　　3．似合うかな。どうするか、考えてみるね。

7番

F：今日は一杯やって行きませんか。

M：1．すみません。それが今日は先約がありまして。
　　2．すみません。私一杯じゃ足りないので、もっと飲んでもいいですか。
　　3．すみません。いっぱいあっても困りますよね。

8番

M：この先生の授業は課題がたくさんあって嫌になっちゃうよ。

F：1．大変そうだね。あまり無理せずにね。
　　2．やっぱり課題が難しいんだね。
　　3．そっか。授業時間が結構短いんだね。

9番

F：顔色よくないけど、大丈夫？少し休みを取った方がいいんじゃない？

M：1．疲れが取れて本当によかったよ。
　　2．そうなんだけど、そんなこと言ってられなくて…。
　　3．そうそう。休み時間があってよかったと思う。

10番

M：さっき君が言ってたおすすめの映画、何だっけ。

F：1．そうそう、ＤＶＤで発売されたのよ。

2. えっと、映画館で見るのがおすすめなの。

3. さっき話したのに？まったく、忘れっぽいんだから。

11番

F：10年ぶりに来たんですが、駅前の風景が当時と全然違いますね。

M：1. ここに10年間も通ったんですか。

2. 10年だったら、だいぶ変わりますよね。

3. やっぱり10年経っても同じですよね。

問題5 **問題5では、長めの話を聞きます。この問題には練習はありません。問題用紙にメモをとってもかまいません。**

문제별 듣기

1番、2番

問題用紙に何もいんさつされていません。まず話を聞いてください。それから、質問とせんたくしを聞いて、1から4の中から、最もよいものを一つ選んでください。では、始めます。

1番

不動産屋で男の人と女の人が話しています。

M：どのような部屋をお探しですか。具体的な条件を教えていただければ、条件に合う物件をいくつかご紹介いたします。

F：そうですね。暑い時には外を歩くのが大変だから、駅からはなるべく近い場所がいいですね。

M：そうですか。じゃあ、このＡＢＣハウスなんかはどうですか。駅から徒歩５分ですよ。写真も一緒にご覧ください。

F：近くていいですね。でも、ちょっと古いですね。違う物件もありますか。

M：こちらのグリーンハウスは割と新しい物件ですよ。去年建てられたばかりなんです。あと、このレモンハウスも若い方におすすめです。家賃が周りの平均価格よりも１万円安いですから。

F：ありがとうございます。家具付きの物件もありますか。

M：はい、こちらのピースハウスという物件が家具付きでございます。ただ、家賃が10万円とちょっと割高になっていますね。

F：そうですね。悩むところではありますが、比較的新しくて家賃が安いところにしようと思います。

M：わかりました。

女の人はどのアパートにすることにしましたか。

1. ＡＢＣハウス
2. グリーンハウス
3. レモンハウス
4. ピースハウス

2番

兄弟３人が話しています。

Ｍ１：もうすぐお母さんの還暦祝いしなくちゃいけないね。

Ｆ：そうだね。何かプレゼントでもあげようか。例えば、ケーキとか花束とか。

Ｍ１：それもいいけど、還暦だから何か特別なイベントもいいんじゃない？

Ｍ２：家族みんなでホカンスとかどう？近所のホテルでバカンスを楽しむんだ。昼はプールで遊んだり、シアタールームで映画見たり、夜はおいしいもの食べてリラックスしよう。

Ｍ１：ホカンスか。いいね。

Ｆ：ホカンスもいいけど、どこか海外旅行に行くのはどう？

Ｍ１：思い出作りになって、いいかもね。

Ｍ２：でも、結構費用がかさむんじゃない？大丈夫？

Ｆ：私の知り合いに旅行会社で働いてる子がいるんだけど、家族向けのパッケージ旅行の商品も多いんだって。一度聞いてみるわよ。

Ｍ２：費用もそうだし、移動も大変そう。それに、家族全員の休みをどうやって合わせるのさ。

Ｆ：それもそうか。とりあえずは近場でできることからしてもいいかもしれないしね。

Ｍ１：そうしよう。ホームページで空室があるかどうか確認してみるよ。

この兄弟は還暦祝いをどうすることにしましたか。

1．プレゼントをあげる
2．家族でホテルに行く
3．おいしいものをごちそうする
4．海外旅行に行く

3番

まず話を聞いてください。それから、二つの質問を聞いて、それぞれ問題用紙の１から４の中から、最もよいものを一つ選んでください。では、始めます。

3番

英会話スクールでスタッフが説明しています。

Ｆ１：こちらのスクールで行っている授業について説明します。まずは、基礎文法クラスです。英語が苦手な人でも理解できるように、基礎からしっかりと教えます。文法を整理してから、会話クラスに進みたい人にもおすすめです。それから、ベーシック会話クラスとアドバンス会話クラスです。ベーシック会話クラスは誰でも受講することができます。基本的なあいさつや自己紹介から、しっかりと学びたい人におすすめします。アドバンス会話クラスは、ベーシック会話クラスを終えた人たちが対象のクラスです。自分が話したいことを自由に話せるようになることが目標です。最後に、ビジネスクラスです。ビジネスで自由に英会話が話したいという方にぴったりのコースです。文書やメールなどの添削も提供しております。

M：どのクラスにしようかな。君は文法が苦手だって言ってたよね。この文法を整理するクラス、いいんじゃない？

F２：苦手なんだけど、今回はやめとく。会話の練習をもっとしたいのよ。一緒に会話の授業申し込もうよ。

M：そうだなぁ。僕はビジネスで使える英語が習いたいんだ。

F２：それなら、やっぱりこのコース？添削も受けることができて、よさそうね。

M：うん。君はどのレベルにするの？

F２：それが、ちょっと悩むんだよね。

M：でも、あいさつや自己紹介はもう十分にできるんじゃない？それなら、こっちじゃない？

F２：そうだね。挑戦してみる。私も早く自分が話したいことを自由に話せるようになりたいな。

M：頑張って練習していれば、きっとすぐ上達するよ。頑張ろう。

F２：うん、ありがとう。

質問１．男の人は、どの授業を聞くことにしましたか。

質問２．女の人は、どの授業を聞くことにしましたか。

자르는 선

受験番号を書いて、その下のマーク欄にマークしてください。

Fill in your examinee registration number in this box, and then mark the circle for each digit of the number.

N2

言語知識（文字・語彙・文法）・読解

〈ちゅうい〉

1. くろいえんぴつ(HB、No2)でかいてください。
Use a black medium soft (HB or No.2) pencil.
(ペンやボールペンではかかないでください。)
(Do not use any kind of pen.)
2. かきなおすときは、けしゴムできれいにけしてください。
Erase any unintended marks completely.
3. きたなくしたり、おったりしないでください。
Do not soil or bend this sheet.
4. マークれい Marking Examples

よいれい Correct Example	わるいれい Incorrect Example
●	⊘ ⊙ ○ ◎ ⊗ ⦶ ◍

受験番号
(Examinee Registration Number)

2	5	A	1	2	3	4	5	6	7	-	8	9	1	2	3

あなたの名前をローマ字のかつじたいでかいてください。　please print in block letters.

名前 Name

せいねんがっぴを書いてください。
Fill in your date og Birth in the box.

せいねんがっぴ(Date of Birth)

ねん Year	つき Month	ひ Day

問題 1

1	①	②	③	④
2	①	②	③	④
3	①	②	③	④
4	①	②	③	④
5	①	②	③	④

問題 2

6	①	②	③	④
7	①	②	③	④
8	①	②	③	④
9	①	②	③	④
10	①	②	③	④

問題 3

11	①	②	③	④
12	①	②	③	④
13	①	②	③	④

問題 4

14	①	②	③	④
15	①	②	③	④
16	①	②	③	④
17	①	②	③	④
18	①	②	③	④
19	①	②	③	④
20	①	②	③	④

問題 5

21	①	②	③	④
22	①	②	③	④
23	①	②	③	④
24	①	②	③	④
25	①	②	③	④

問題 6

26	①	②	③	④
27	①	②	③	④
28	①	②	③	④
29	①	②	③	④
30	①	②	③	④

問題 7

31	①	②	③	④
32	①	②	③	④
33	①	②	③	④
34	①	②	③	④
35	①	②	③	④
36	①	②	③	④
37	①	②	③	④
38	①	②	③	④
39	①	②	③	④
40	①	②	③	④
41	①	②	③	④
42	①	②	③	④

問題 8

43	①	②	③	④
44	①	②	③	④
45	①	②	③	④
46	①	②	③	④
47	①	②	③	④

問題 9

48	①	②	③	④
49	①	②	③	④
50	①	②	③	④
51	①	②	③	④

問題 10

52	①	②	③	④
53	①	②	③	④
54	①	②	③	④
55	①	②	③	④
56	①	②	③	④

問題 11

57	①	②	③	④
58	①	②	③	④
59	①	②	③	④
60	①	②	③	④
61	①	②	③	④
62	①	②	③	④
63	①	②	③	④
64	①	②	③	④

問題 12

65	①	②	③	④
66	①	②	③	④

問題 13

67	①	②	③	④
68	①	②	③	④
69	①	②	③	④

問題 14

70	①	②	③	④
71	①	②	③	④

자르는 선

受験番号を書いて、その下のマーク欄にマークしてください。

Fill in your examinee registration number in this box, and then mark the circle for each digit of the number.

N2

聴解

〈ちゅうい〉

1. くろいえんぴつ(HB、No2)でかいてください。
   Use a black medium soft (HB or No.2) pencil.
   (ペンやボールペンではかかないでください。)
   (Do not use any kind of pen.)
2. かきなおすときは、けしゴムできれいにけしてください。
   Erase any unintended marks completely.
3. きたなくしたり、おったりしないでください。
   Do not soil or bend this sheet.
4. マークれい Marking Examples

よいれい Correct Example	わるいれい Incorrect Example
●	⊘ ⊘ ○ ◎ ⊜ ⦶ ◌

受験番号 (Examinee Registration Number)

2	5	A	1	2	3	4	5	6	7	-	8	9	1	2	3
⓪	⓪	●		⓪	⓪	⓪	⓪	⓪	⓪			⓪	⓪	⓪	⓪
①	①	Ⓑ	●	①	①	①	①	①	①		①	①	●	①	①
●	②		②	●	②	②	②	②	②		②	②	②	●	②
③	③		③	③	●	③	③	③	③		③	③	③	③	●
④	④		④	④	④	●	④	④	④		④	④	④	④	④
⑤	●		⑤	⑤	⑤	⑤	●	⑤	⑤		⑤	⑤	⑤	⑤	⑤
⑥	⑥		⑥	⑥	⑥	⑥	⑥	●	⑥		⑥	⑥	⑥	⑥	⑥
⑦	⑦		⑦	⑦	⑦	⑦	⑦	⑦	●		⑦	⑦	⑦	⑦	⑦
⑧	⑧		⑧	⑧	⑧	⑧	⑧	⑧	⑧		●	⑧	⑧	⑧	⑧
⑨	⑨		⑨	⑨	⑨	⑨	⑨	⑨	⑨		⑨	●	⑨	⑨	⑨

せいねんがっぴを書いてください。
Fill in your date og Birth in the box.

せいねんがっぴ(Date of Birth)

ねん Year				つき Month		ひ Day	

あなたの名前をローマ字のかつじたいでかいてください。 please print in block letters.

名前 Name	

問題 1				
例	①	②	●	④
1	①	②	③	④
2	①	②	③	④
3	①	②	③	④
4	①	②	③	④
5	①	②	③	④

問題 2				
例	①	②	●	④
1	①	②	③	④
2	①	②	③	④
3	①	②	③	④
4	①	②	③	④
5	①	②	③	④
6	①	②	③	④

問題 3				
例	①	②	●	④
1	①	②	③	④
2	①	②	③	④
3	①	②	③	④
4	①	②	③	④
5	①	②	③	④

問題 4			
例	①	②	●
1	①	②	③
2	①	②	③
3	①	②	③
4	①	②	③
5	①	②	③
6	①	②	③
7	①	②	③
8	①	②	③
9	①	②	③
10	①	②	③
11	①	②	③

問題 5					
1		①	②	③	④
2		①	②	③	④
3	(1)	①	②	③	④
	(2)	①	②	③	④

자르는 선

受験番号を書いて、その下のマーク欄にマークしてください。

Fill in your examinee registration number in this box, and then mark the circle for each digit of the number.

N2

言語知識（文字・語彙・文法）・読解

〈ちゅうい〉

1. くろいえんぴつ(HB、No2)でかいてください。
Use a black medium soft (HB or No.2) pencil.
(ペンやボールペンではかかないでください。)
(Do not use any kind of pen.)
2. かきなおすときは、けしゴムできれいにけしてください。
Erase any unintended marks completely.
3. きたなくしたり、おったりしないでください。
Do not soil or bend this sheet.
4. マークれい Marking Examples

よいれい Correct Example	わるいれい Incorrect Example
●	⊘ ⊘ ○ ◎ ⊗ ⦶ ◍

受験番号 (Examinee Registration Number)

25A1234567-89123

あなたの名前をローマ字のかつじたいでかいてください。 please print in block letters.

名前 Name

せいねんがっぴを書いてください。
Fill in your date og Birth in the box.

せいねんがっぴ(Date of Birth)

ねん Year	つき Month	ひ Day

問題 1				
1	①	②	③	④
2	①	②	③	④
3	①	②	③	④
4	①	②	③	④
5	①	②	③	④
問題 2				
6	①	②	③	④
7	①	②	③	④
8	①	②	③	④
9	①	②	③	④
10	①	②	③	④
問題 3				
11	①	②	③	④
12	①	②	③	④
13	①	②	③	④
問題 4				
14	①	②	③	④
15	①	②	③	④
16	①	②	③	④
17	①	②	③	④
18	①	②	③	④
19	①	②	③	④
20	①	②	③	④

問題 5				
21	①	②	③	④
22	①	②	③	④
23	①	②	③	④
24	①	②	③	④
25	①	②	③	④
問題 6				
26	①	②	③	④
27	①	②	③	④
28	①	②	③	④
29	①	②	③	④
30	①	②	③	④
問題 7				
31	①	②	③	④
32	①	②	③	④
33	①	②	③	④
34	①	②	③	④
35	①	②	③	④
36	①	②	③	④
37	①	②	③	④
38	①	②	③	④
39	①	②	③	④
40	①	②	③	④
41	①	②	③	④
42	①	②	③	④

問題 8				
43	①	②	③	④
44	①	②	③	④
45	①	②	③	④
46	①	②	③	④
47	①	②	③	④
問題 9				
48	①	②	③	④
49	①	②	③	④
50	①	②	③	④
51	①	②	③	④
問題 10				
52	①	②	③	④
53	①	②	③	④
54	①	②	③	④
55	①	②	③	④
56	①	②	③	④

問題 11				
57	①	②	③	④
58	①	②	③	④
59	①	②	③	④
60	①	②	③	④
61	①	②	③	④
62	①	②	③	④
63	①	②	③	④
64	①	②	③	④
問題 12				
65	①	②	③	④
66	①	②	③	④
問題 13				
67	①	②	③	④
68	①	②	③	④
69	①	②	③	④
問題 14				
70	①	②	③	④
71	①	②	③	④

자르는 선

受験番号を書いて、その下のマーク欄にマークしてください。

Fill in your examinee registration number in this box, and then mark the circle for each digit of the number.

N2

聴解

〈ちゅうい〉
1. くろいえんぴつ(HB、No2)でかいてください。
Use a black medium soft (HB or No.2) pencil.
(ペンやボールペンではかかないでください。)
(Do not use any kind of pen.)
2. かきなおすときは、けしゴムできれいにけしてください。
Erase any unintended marks completely.
3. きたなくしたり、おったりしないでください。
Do not soil or bend this sheet.
4. マークれい Marking Examples

よいれい Correct Example	わるいれい Incorrect Example
●	⊘ ⊘ ○ ◎ ⊜ ⦶ ◌

受験番号 (Examinee Registration Number)

2	5	A	1	2	3	4	5	6	7	-	8	9	1	2	3
⓪	⓪	●		⓪	⓪	⓪	⓪	⓪	⓪			⓪	⓪	⓪	⓪
①	①	Ⓑ	●	①	①	①	①	①	①		①	①	●	①	①
●	②		②	●	②	②	②	②	②		②	②	②	●	②
③	③		③	③	●	③	③	③	③		③	③	③	③	●
④	④		④	④	④	●	④	④	④		④	④	④	④	④
⑤	●		⑤	⑤	⑤	⑤	●	⑤	⑤		⑤	⑤	⑤	⑤	⑤
⑥	⑥		⑥	⑥	⑥	⑥	⑥	●	⑥		⑥	⑥	⑥	⑥	⑥
⑦	⑦		⑦	⑦	⑦	⑦	⑦	⑦	●		⑦	⑦	⑦	⑦	⑦
⑧	⑧		⑧	⑧	⑧	⑧	⑧	⑧	⑧		●	⑧	⑧	⑧	⑧
⑨	⑨		⑨	⑨	⑨	⑨	⑨	⑨	⑨		⑨	●	⑨	⑨	⑨

せいねんがっぴを書いてください。
Fill in your date og Birth in the box.

せいねんがっぴ(Date of Birth)		
ねん Year	つき Month	ひ Day

あなたの名前をローマ字のかつじたいでかいてください。 please print in block letters.

名前 Name	

問題 1				
例	①	②	●	④
1	①	②	③	④
2	①	②	③	④
3	①	②	③	④
4	①	②	③	④
5	①	②	③	④

問題 2				
例	①	②	●	④
1	①	②	③	④
2	①	②	③	④
3	①	②	③	④
4	①	②	③	④
5	①	②	③	④
6	①	②	③	④

問題 3				
例	①	②	●	④
1	①	②	③	④
2	①	②	③	④
3	①	②	③	④
4	①	②	③	④
5	①	②	③	④

問題 4			
例	①	②	●
1	①	②	③
2	①	②	③
3	①	②	③
4	①	②	③
5	①	②	③
6	①	②	③
7	①	②	③
8	①	②	③
9	①	②	③
10	①	②	③
11	①	②	③

問題 5				
1	①	②	③	④
2	①	②	③	④
3 (1)	①	②	③	④
3 (2)	①	②	③	④

자르는 선

受験番号を書いて、その下のマーク欄にマークしてください。

Fill in your examinee registration number in this box, and then mark the circle for each digit of the number.

受験番号
(Examinee Registration Number)

2	5	A	1	2	3	4	5	6	7	-	8	9	1	2	3

せいねんがっぴを書いてください。
Fill in your date og Birth in the box.

せいねんがっぴ(Date of Birth)

ねん Year	つき Month	ひ Day

N2

言語知識（文字・語彙・文法）・読解

〈ちゅうい〉

1. くろいえんぴつ(HB、No2)でかいてください。
   Use a black medium soft (HB or No.2) pencil.
   (ペンやボールペンではかかないでください。)
   (Do not use any kind of pen.)
2. かきなおすときは、けしゴムできれいにけしてください。
   Erase any unintended marks completely.
3. きたなくしたり、おったりしないでください。
   Do not soil or bend this sheet.
4. マークれい Marking Examples

よいれい Correct Example	わるいれい Incorrect Example
●	⊘ ⊙ ◯ ⓪ ⊗ ⦶ ◍

あなたの名前をローマ字のかつじたいでかいてください。 please print in block letters.

名前 Name	

問題 1				
1	①	②	③	④
2	①	②	③	④
3	①	②	③	④
4	①	②	③	④
5	①	②	③	④
問題 2				
6	①	②	③	④
7	①	②	③	④
8	①	②	③	④
9	①	②	③	④
10	①	②	③	④
問題 3				
11	①	②	③	④
12	①	②	③	④
13	①	②	③	④
問題 4				
14	①	②	③	④
15	①	②	③	④
16	①	②	③	④
17	①	②	③	④
18	①	②	③	④
19	①	②	③	④
20	①	②	③	④

問題 5				
21	①	②	③	④
22	①	②	③	④
23	①	②	③	④
24	①	②	③	④
25	①	②	③	④
問題 6				
26	①	②	③	④
27	①	②	③	④
28	①	②	③	④
29	①	②	③	④
30	①	②	③	④
問題 7				
31	①	②	③	④
32	①	②	③	④
33	①	②	③	④
34	①	②	③	④
35	①	②	③	④
36	①	②	③	④
37	①	②	③	④
38	①	②	③	④
39	①	②	③	④
40	①	②	③	④
41	①	②	③	④
42	①	②	③	④

問題 8				
43	①	②	③	④
44	①	②	③	④
45	①	②	③	④
46	①	②	③	④
47	①	②	③	④
問題 9				
48	①	②	③	④
49	①	②	③	④
50	①	②	③	④
51	①	②	③	④
問題 10				
52	①	②	③	④
53	①	②	③	④
54	①	②	③	④
55	①	②	③	④
56	①	②	③	④

問題 11				
57	①	②	③	④
58	①	②	③	④
59	①	②	③	④
60	①	②	③	④
61	①	②	③	④
62	①	②	③	④
63	①	②	③	④
64	①	②	③	④
問題 12				
65	①	②	③	④
66	①	②	③	④
問題 13				
67	①	②	③	④
68	①	②	③	④
69	①	②	③	④
問題 14				
70	①	②	③	④
71	①	②	③	④

자르는 선

受験番号を書いて、その下のマーク欄にマークしてください。

Fill in your examinee registration number in this box, and then mark the circle for each digit of the number.

N2

聴解

〈ちゅうい〉

1. くろいえんぴつ(HB、No2)でかいてください。
Use a black medium soft (HB or No.2) pencil.
(ペンやボールペンではかかないでください。)
(Do not use any kind of pen.)
2. かきなおすときは、けしゴムできれいにけしてください。
Erase any unintended marks completely.
3. きたなくしたり、おったりしないでください。
Do not soil or bend this sheet.
4. マークれい Marking Examples

よいれい Correct Example	わるいれい Incorrect Example
●	⊘ ◎ ○ ◐ ⊗ ◑ ◯

受験番号 (Examinee Registration Number)

2	5	A	1	2	3	4	5	6	7	-	8	9	1	2	3

あなたの名前をローマ字のかつじたいでかいてください。 please print in block letters.

名前 Name

せいねんがっぴを書いてください。
Fill in your date og Birth in the box.

せいねんがっぴ(Date of Birth)		
ねん Year	つき Month	ひ Day

問題 1

例	①	②	●	④
1	①	②	③	④
2	①	②	③	④
3	①	②	③	④
4	①	②	③	④
5	①	②	③	④

問題 2

例	①	②	●	④
1	①	②	③	④
2	①	②	③	④
3	①	②	③	④
4	①	②	③	④
5	①	②	③	④
6	①	②	③	④

問題 3

例	①	②	●	④
1	①	②	③	④
2	①	②	③	④
3	①	②	③	④
4	①	②	③	④
5	①	②	③	④

問題 4

例	①	②	●
1	①	②	③
2	①	②	③
3	①	②	③
4	①	②	③
5	①	②	③
6	①	②	③
7	①	②	③
8	①	②	③
9	①	②	③
10	①	②	③
11	①	②	③

問題 5

1		①	②	③	④
2		①	②	③	④
3	(1)	①	②	③	④
	(2)	①	②	③	④

MEMO

MEMO

독해가 강해지는 JLPT N2 핵심 단어 80 ①

育児	いくじ	육아	崩れる	くずれる	무너지다
維持	いじ	유지	警戒	けいかい	경계
打ち切る	うちきる	중지하다	経験	けいけん	경험
訴える	うったえる	호소하다, 주장하다	傾向	けいこう	경향
運営	うんえい	운영	現象	げんしょう	현상
応じる	おうじる	응하다	口座	こうざ	계좌
大げさな	おおげさな	과장된	構造	こうぞう	구조
補う	おぎなう	보충하다	効率	こうりつ	효율
行う	おこなう	행하다	考慮	こうりょ	고려
押し付ける	おしつける	강요하다	高齢化	こうれいか	고령화
押す	おす	누르다, 밀다	顧客	こきゃく	고객
劣る	おとる	뒤떨어지다	心強い	こころづよい	마음 든든하다
及び	および	및	心細い	こころぼそい	불안하다
解消	かいしょう	해소	断る	ことわる	거절하다
改善	かいぜん	개선	幸いな	さいわいな	다행인
辛うじて	かろうじて	겨우, 간신히	避ける	さける	피하다
肝心な	かんじんな	중요한	持参	じさん	지참
喫煙	きつえん	흡연	指示	しじ	지시
客観的	きゃっかんてき	객관적	占める	しめる	차지하다
業務	ぎょうむ	업무	若干	じゃっかん	약간

자르는 선

독해가 강해지는 JLPT N2 핵심 단어 80 ②

맛있는 books

習慣	しゅうかん	습관	担う	になう	담당하다
主観的	しゅかんてき	주관적	図る	はかる	도모하다, 꾀하다
少子化	しょうしか	저출산	必着	ひっちゃく	필착
迅速	じんそく	신속	不可欠な	ふかけつな	불가결한
備える	そなえる	대비하다, 갖추다	福祉	ふくし	복지
対象	たいしょう	대상	含める	ふくめる	포함시키다
態度	たいど	태도	振込	ふりこみ	납입
互いに	たがいに	서로	経る	へる	지나다, 거치다
経つ	たつ	(시간이) 지나다	保険	ほけん	보험
達成	たっせい	달성	貧しい	まずしい	가난하다
蓄積	ちくせき	축적	間違う	まちがう	틀리다
司る	つかさどる	맡다, 지배하다	満たす	みたす	채우다
就く	つく	종사하다	むしろ	むしろ	오히려
努める	つとめる	노력하다	空しい	むなしい	허무하다
務める	つとめる	맡다	もしくは		혹은, 또는
勤める	つとめる	근무하다	持ち込み	もちこみ	지참, 반입
取り消す	とりけす	취소하다	最も	もっとも	가장
納得	なっとく	납득	郵送	ゆうそう	우송
悩む	なやむ	고민하다	煩わしい	わずらわしい	번거롭다
慣れる	なれる	익숙해지다	我々	われわれ	우리들

자르는 선

꼭 알아야 할 JLPT N2 핵심 문형 40 ①

• こと를 사용한 문형

기본형+ことがある ~할 때가 있다	この地域では４月にも雪が降ることがある。 이 지역에서는 4월에도 눈이 내릴 때가 있다.
～たことがある ~한 적이 있다	富士山に登ったことがあります。 후지산에 오른 적이 있습니다.
～ことにする ~하기로 하다	明日から毎日早起きすることにしました。 내일부터 매일 일찍 일어나기로 했어요.
～ことになる ~하게 되다	会議は４時からすることになりました。 회의는 4시부터 하게 되었습니다.
～ということだ ~한다고 한다	来月からこの店は閉店するということだ。 다음 달부터 이 가게는 폐점한다고 한다.
～ことはない ~할 필요 없다	練習だからそんなに緊張することはないよ。 연습이니까 그렇게 긴장할 필요 없어.
～こと ~할 것	わからないことがあったら、ちゃんと聞くこと。 모르는 것이 있으면, 제대로 물을 것.

• もの를 사용한 문형

～ものだ ~하는 법이다	人は誰でも間違いをするものだ。 사람은 누구나 실수를 하는 법이다.
～たいものだ ~해 보고 싶다	いつかあの５つ星レストランに行ってみたいものだ。 언젠가 저 5성 레스토랑에 가 보고 싶다.
～たものだ ~하곤 했다	学生時代には毎日遅くまで勉強したものだ。 학창시절에는 매일 늦게까지 공부하곤 했다.

자르는 선

꼭 알아야 할 JLPT N2 핵심 문형 40 ②

맛있는 books

• ところ를 사용한 문형

~ところだ 막 ~하려는 참이다	**これから映画を見に行くところだ。** 이제 막 영화를 보러 가려는 참이다.
~ているところだ (지금) ~하고 있는 중이다	**今、先生が説明しているところです。** 지금, 선생님이 설명하고 있는 중입니다.
~たところだ 막 ~한 참이다	**ちょうどレポートを書き終わったところだ。** 막 리포트를 다 쓴 참이다.
~たところ ~했더니	**夜通し実験したところ、新たな事実が見つかった。** 밤새 실험했더니, 새로운 사실이 발견되었다.
~たところで ~해 봤자	**告白したところで、振られてしまうだろう。** 고백해 봤자, 차이고 말겠지.

• わけ를 사용한 문형

~わけがない ~할 리가 없다	**彼がそんなことをするわけがない。** 그가 그런 일을 할 리가 없다.
~わけではない ~(인) 것은 아니다	**辛いものが嫌いなわけではありません。** 매운 것을 싫어하는 것은 아닙니다.
~わけにはいかない ~할 수 없다	**明日の授業は休むわけにはいかない。** 내일 수업은 쉴 수 없다.

• 지시 표현

명령형 ~해라	**窓を閉めろ。寒い風が入ってくる。** 창문을 닫아라. 찬바람이 들어온다.
~な ~하지 마	**ここにゴミを捨てるな。** 여기에 쓰레기를 버리지 마.
~なさい ~하세요, ~하렴	**早く宿題を終わらせなさい。** 빨리 숙제를 끝내렴.

자르는 선

꼭 알아야 할 JLPT N2 핵심 문형 40 ③

• 추측, 양태, 전문 표현

문형	예문
～そうだ ~할 것 같다, ~해 보이다	午後から雨が降りそうだ。 오후부터 비가 올 것 같다.
～そうだ ~한다고 한다	彼女の話によると、この店は美味しいそうだ。 그녀의 말에 의하면, 이 가게는 맛있다고 한다.
～ようだ ~(하는) 것 같다	見た感じだと、あの建物は新しいようだ。 본 느낌으로는, 저 건물은 새로운 것 같아.
～みたいだ ~(하는) 것 같다	あの人は疲れているみたいだ。 저 사람은 피곤한 것 같아.
～らしい ~한다는 것 같다	あの人は韓国から来たらしい。 저 사람은 한국에서 왔다는 것 같다.
～らしい ~답다	自分らしく生きよう。 나답게 살자.
～だろう ~겠다, ~할 것이다	明日の天気は晴れるだろう。 내일 날씨는 맑을 것이다.
～かもしれない ~할지도 모른다	道が混んでいるから、遅れるかもしれない。 길이 막혀서, 늦을지도 몰라.
～はずだ ~할 것이다	彼はもう家に帰っているはずだ。 그는 이미 집에 돌아와있을 것이다.
～はずがない ~할 리가 없다	そんなに簡単な問題を間違えるはずがない。 그렇게 간단한 문제를 틀릴 리가 없어.

자르는 선

꼭 알아야 할 JLPT N2 핵심 문형 40 ④

•수수 표현의 응용 표현

문형	예문
~てくれますか ~해 줄래요?	**その本を少し見せてくれますか？** 그 책을 좀 보여 줄래요?
~てくださいますか ~해 주시겠습니까?	**この資料をコピーしてくださいますか？** 이 자료를 복사해 주시겠습니까?
~てもらえませんか ~해 줄 수 없겠습니까?	**ペンを貸してもらえませんか？** 펜을 빌려줄 수 없겠습니까?
~ていただけませんか ~해 주실 수 없겠습니까?	**もう一度詳しく説明していただけませんか？** 다시 한번 자세히 설명해 주실 수 없겠습니까?

•의지 표현

문형	예문
~う/~よう(의지형) ~하자, ~해야지	**明日は早起きしよう。** 내일은 일찍 일어나자.
의지형+**と思う** ~하려고 생각하다	**来月からジムに通おうと思っています。** 다음 달부터 헬스장에 다니려고 생각하고 있습니다.
의지형+**とする** ~하려고 하다	**電車に乗ろうとしたとき、財布を忘れたことに気づいた。** 전철을 타려고 했을 때, 지갑을 잊었다는 것을 깨달았다.
~つもりだ ~할 생각이다	**来年までに資格を取るつもりだ。** 내년까지 자격증을 딸 생각이다.
~つもりはない ~할 생각은 없다	**ここであきらめるつもりはありません。** 여기서 포기할 생각은 없습니다.

자르는 선